Tobias Conrad Lotter
(1717 – 1777)
Landkarte der
Niederlausitz, nach 1758
Kupferstich, koloriert
Bez.: Marchionatus
Lusatiae Inferioris
Bohemie olim Regno jam.
Elect. Saxoniae subject in
Circulos, Dynastias et
Praefect: accuratissime
distinctus calamo et
sumtibus. Tob. Conr.
Lotter S. C.
Maj. Geographi Aug.
Vindel
NLM Luckau VS 1383/62

Sächsische Lebensart in Preußen

Die Niederlausitz zwischen
Brandenburg und Sachsen

VERGANGENHEITS
VERLAG

Sächsische Lebensart in Preußen

Die Niederlausitz zwischen Brandenburg und Sachsen

VERGANGENHEITS
VERLAG

Impressum

*Herausgegeben von der Stadt Luckau
anlässlich der Ausstellung
„Die Lust am Leben. Sächsische Lebensart in Preußen"
im Niederlausitz-Museum Luckau vom 13. September 2014 bis
6. April 2015*

*Autorin: Dr. Silke Kamp
Redaktion: Helga Tuček
Diese Publikation greift auf Erkenntnisse zurück, die im
Rahmen von früheren Ausstellungen des Niederlausitz-
Museums Luckau zur Geschichte und Alltagskultur der
Luckauer Region erarbeitet wurden.*

*Bibliografische Informationen der Deutschen Nationalbibliothek
Die Deutsche Nationalbibliothek verzeichnet diese
Publikation in der Deutschen Nationalbibliografie; detaillierte
bibliografische Daten sind im Internet über
http://dnb.d-nb.de abrufbar.*

ISBN: 978-3-86408-192-7

Korrektorat: Marina Gadomski, Helga Tuček

*Titelgestaltung unter Verwendung der Ausstellungs-CI von
saalfeld•berlin*

*Grafisches Gesamtkonzept, Satz und Layout: Stefan Berndt –
www.fototypo.de*

*© Copyright: Vergangenheitsverlag, Berlin / 2015
www.vergangenheitsverlag.de*

Ausstellung

- *Auftraggeber: Stadt Luckau, Bürgermeister Gerald Lehmann*
- *Koordination Ausstellung: Dr. Silke Kamp, Helga Tuček*
- *Konzeption: Dr. Silke Kamp, Detlef Saalfeld, Helga Tuček*
- *Wissenschaftliche Recherche: Dr. Silke Kamp, Helga Tuček*
- *Ausstellungstexte: Dr. Silke Kamp, Helga Tuček*
- *Audiosprecher: Jutta Dzielak; Joachim Klebe*
- *Ausstellungsgestaltung und -grafik: saalfeld•berlin:
Detlef Saalfeld, Dorothee Saalfeld*
- *Ausstellungsbauten: mkt möbelmanufaktur GmbH, Matthias
Klein, Ole Selm, Peter Madersdorfer, Guido Preuß, Karsten
Köhler, Ronald Luck, Kai Kriege, Christian Horn, Bruno
Adomi, Norbert Rossow, Mathias Götze, Thomas Schulz,
Michael Jordan, Stefan Hanisch, Marco Matiwe, Marco
Winskowski, Patrick Schulz, Sebastian Moews, Josef Happ,
Hauke Lorenz; Steinmetzmeisterin Stefanie Große, Markus
Große, Norman Mache*
- *Multimedia: Programmierung: Christopher Pietsch, Berlin;
Film: rbb-media Berlin-Brandenburg;
Audiotrack: FM Media Luckau*
- *Grafikproduktion: Druckhaus Terno*
- *Restaurierung/Rahmung: Artemio Leipzig: Thomas
Schneider*
- *Ausstellungseinrichtung: Anne-Christine Equitz, Helga
Tuček, Niederlausitz-Museum; Dr. Silke Kamp*
- *Leihgeber: Antiquariat Struck, Berlin; Thomas Schneider,
Leipzig; Förderverein „Naturpark Niederlausitzer
Landrücken" e.V./ Höllberghof Heideblick; Commune der
Calauer Vorstadt Luckau e.V., Gerd Walter; Manfred
Schuster, Karche-Zaacko; Uwe Herrmann, Luckau*

*Dank an die Mitarbeiterinnen und Mitarbeiter des
Brandenburgischen Landeshauptarchivs und des
rbb Rundfunk Berlin-Brandenburg*

VERGANGENHEITS
VERLAG

Inhalt

Vorwort

„PREUSSEN – SACHSEN – BRANDENBURG. nachbarschaften im wandel", so lautet der Titel des Themenjahres Kulturland Brandenburg 2014, das damit die Erste Brandenburgische Landesausstellung in Doberlug-Kirchhain unter dem Motto „Preußen und Sachsen. Szenen einer Nachbarschaft" thematisch aufgreift, komplementär unterstützt und über zahlreiche Projekte mit unterschiedlichen Partnern in das gesamte Land trägt.

Anlass für die Landesausstellung und Kulturland Brandenburg, die wechselvollen Beziehungen zwischen Sachsen und Preußen in den Blick zu nehmen, stellt der Wiener Kongress vor 200 Jahren dar, in dessen Ergebnis 1815 große Teile Sachsens an Brandenburg-Preußen fielen. Dazu gehörten das heutige Südbrandenburg mit der Niederlausitz sowie die Hälfte der Oberlausitz. Per Federstrich wurden sächsische Bürger nun zu Preußen. Noch heute bezeichnen sich einige Bewohner Süd-Brandenburgs augenzwinkernd als „Musspreußen".

Zentrale Projekte des Kulturland-Themenjahres stellen die so genannten „Korrespondenzausstellungen" dar, Ausstellungsvorhaben, die in besonderer Weise regional und thematisch, z.T. am authentischen Ort, Aspekte der Landesausstellung vertiefen. Insgesamt gibt es acht Korrespondenz-Projekte in Brandenburg, in Bad Liebenwerda, Cottbus-Branitz, Finsterwalde, Kloster Zinna, Lauchhammer, Luckau, Lübben und Senftenberg, sowie drei in Sachsen, in Bautzen, Görlitz und Kamenz.

Die Korrespondenzausstellung in Luckau setzt sich unter dem Titel „Die Lust am Leben – Sächsische Lebensart in Preußen" mit den sächsischen Einflüssen im Alltag auseinander, die sich auch nach dem Wechsel zu Preußen erhalten haben und bis heute noch deutlich wahrnehmbar sind. Es geht um Feste und Bräuche zu den verschiedenen Jahreszeiten, um den Glauben, die Speisen und die Kleidung in der Niederlausitz, – ein Themenspektrum, das in dem Reigen der zahlreichen Projekte im Rahmen des Themenjahres 2014 einen besonderen Akzent setzt und viele Besucher unmittelbar anspricht. Es ist außerordentlich erfreulich, dass es zudem gelungen ist, eine Begleitpublikation zu dieser Ausstellung auf den Weg zu bringen.

Die Brandenburgische Gesellschaft für Kultur und Geschichte gGmbH, Kulturland Brandenburg, hat sich für die überaus konstruktive Zusammenarbeit bei dem Niederlausitz-Museum und der Stadt Luckau herzlich zu bedanken, ebenso bei dem Landkreis Dahme-Spreewald und bei der Mittelbrandenburgischen Sparkasse für die freundliche Unterstützung. Wir wünschen der Ausstellung und der Publikation viel Erfolg, viele begeisterte Besucher und zahlreiche interessierte Leser.

Brigitte Faber-Schmidt

1. Die Niederlausitz zwischen Brandenburg und Sachsen

Die Niederlausitz grenzt im Norden an die Mark Brandenburg. Damit liegt sie in der Frühen Neuzeit an der Schnittstelle des Handels, des Krieges[1] und der Lebenswege zwischen Brandenburg und Sachsen. Landschaftlich ähnelt die Niederlausitz der Mark Brandenburg. Weil aber die Sonne hier häufiger scheint, gedeihen z.B. Wein und Flachs, aus dem sowohl Leinen als auch Leinöl gewonnen wird, besser. Bei genauerem Hinsehen hebt sich die Niederlausitz von ihrem nördlichen Nachbarn mit eigenen Gewohnheiten und Bräuchen ab. Die sich im 18. Jahrhundert verschärfenden politischen Gegensätze zwischen Brandenburg und Sachsen verstärken diese Unterschiede.

Die Niederlausitz wird sächsisch

Das zuvor zur böhmischen Krone gehörende Markgraftum Niederlausitz gelangt 1635 in den Besitz des sächsischen Kurfürsten Johann Georg I. (1585 – 1656).[2] Nach dessen Tod wird Sachsen unter seinen vier Söhnen Johann Georg, August, Christian und Moritz in Kursachsen und drei Nebenlinien geteilt. Diese Sekundogenituren heißen jeweils nach ihrem Regierungssitz Sachsen-Weißenfels, Sachsen-Merseburg und Sachsen-Zeitz. In der Niederlausitz regieren von nun an Herzog Christian von Sachsen-Merseburg (1615 – 1691) und dessen Nachfahren. Allerdings ist ihre Macht durch das Mitspracherecht der Stände eingeschränkt. In den Jahren der Minderjährigkeit des Herzogs Moritz Wilhelm (1688 – 1731) – vom Tod seines Vaters 1694 bis zu seinem Regierungsantritt 1712 – gelingt es dem sächsischen Kurfürsten Friedrich August I. (August der Starke, 1670 – 1733), seine Befugnisse über das Markgraftum auszudehnen.[3] Nach dem Tod des letzten merseburgischen Herzogs

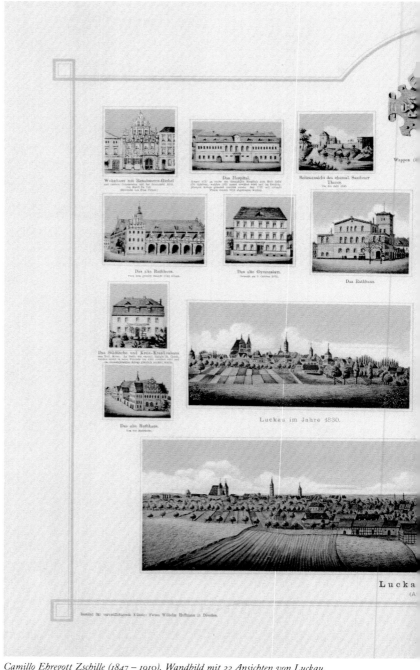

Camillo Ehregott Zschille (1847 – 1910), Wandbild mit 22 Ansichten von Luckau,
Lithografie. Bez.: Handzeichnung von Ehreg. Zschille, Großenhain 1891, Institut für
vervielfältigende Künste Firma Wilhelm Hoffmann Dresden,
Eigenthum von Fr. Meissner, Buchhandlung, NLM Luckau VK 3135/78

1738 fällt die Niederlausitz wieder unter die direkte Herrschaft der sächsischen Kurfürsten.

Die Niederlausitz ist in sächsischer Zeit in mehrere Kreise aufgeteilt, wovon der Luckauer Kreis mit der Stadt Luckau als Verwaltungssitz der nordwestlichste ist. Er grenzt somit im Norden an die Mark Brandenburg und im Westen an Kursachsen. Obwohl Luckau in den beiden letzten großen Stadtbränden 1644 und 1652 stark zerstört wird, bleibt der mittelalterliche Grundriss erhalten. Zum Gedenken an dieses Unglück

„wird alljährlich bey uns in Luckau, seit langen Zeiten, der 30. April als ein besonderer Brand-Festtag, und zwar in eben dem Maaße als ein gewöhnlicher allgemeiner Buß-, Beth- und Festtag gefeyert."[4]

Im Jahr 1654 ersucht die Stadt den brandenburgischen Kurfürsten Friedrich Wilhelm um Unterstützung, da der Aufbau von Kirche „ohne christlicher Leute Zutat und Hülfe" unmöglich sei.[5] Dieser ordnet am 21. Dezember eine Kollektensammlung, die sogenannte Beisteuer, für die Mark Brandenburg an. Unmittelbar nach dem Dreißigjährigen Krieg ist die Spendenfähigkeit in Sachsen wie in Brandenburg zwar gering, die Spendenbereitschaft aber ungebrochen und auch über Landesgrenzen hinweg selbstverständlich.

Auch im Herzogtum Sachsen-Weißenfels wird für den Wiederaufbau der Luckauer Stadtkirche und der Schule gesammelt. Das Kollektenbuch aus dem Jahr 1656, dessen lederner Einband mit alten Pergamentresten kaschiert ist, dokumentiert eindrücklich die Solidarität in wirtschaftlich schweren Zeiten. Dieses im Niederlausitz-Museum verwahrte Büchlein verzeichnet die Hilfszahlungen aus dem Erzstift Magdeburg.[6] Während viele kleinere dörfliche Gemeinden keinen Obolus geben können, ist mit 20 Talern das Spendenaufkommen in der Stadt Halle am größten.

Nach den Stadtbränden werden nicht nur Schule und Stadtkirche, sondern auch viele Bürgerhäuser am Markt wiedererrichtet. Diese Renaissancebauten mit ihren unverkennbaren sächsischen Einflüssen prägen bis heute das Stadtbild. Zusammen mit dem Hausmannsturm erinnern sie eher an Stadtansichten von Dresden als von Berlin. Ein weiteres prominentes Bauwerk aus sächsischer

Das alte Rathhaus.
Nach dem grossen Brande 1644 erbaut.

Das Rathhaus.

Johann Jacob Stelzer(*um 1706 – 1780) / Georg Balthasar Probst (1673 – 1748), Ansicht Dresden, um 1750, altcolor. Kupferstich; „Guckkastenbild" um 1770. Bez.: „Platz der großen Garde auf einer Seiten das Gewandt-Haus auf der anderen Unser Lieben Frauen Kirch zu Dresden"

Johann Georg Rosenberg (1739 – 1808), Ansicht des Neumarkts und der Marienkirche in Berlin, 1785, colorierte Radierung, Bez.: Vue du Marché neuf, et de l'Église St. Marie, dans le quartier de Berlin

Trachten der Standesherrschaft Sonnewalde, um 1728, Kopie: Paul Ellinger, Luckau 1925, Aquarell, NLM Luckau VK 1281/62

Zeit, das Luckauer Rathaus von 1692, muss 1850/51 einem Neubau im Schinkel-Stil weichen, mit dem die Zugehörigkeit der Stadt Luckau zu Preußen für jeden sichtbar wird.

Wie sieht es mit den Bewohnern der Niederlausitz aus? Kann man ihnen ansehen, ob sie aus Sachsen kommen? Das ist möglich, wenn man alle Trachten der einzelnen sächsischen Landesteile kennt. Denn die Kleidung wird vor allem durch regionale Vorlieben bestimmt. Sie ergeben sich daraus, dass auf den Dörfern vieles noch in den Familien selbst gewirkt und genäht wird. Im Winter, wenn die Feldarbeit ruht, finden sich die jungen Frauen in den Spinnstuben ein, um die Wäsche für ihre Aussteuer herzustellen. Für die Herrschaft Sonnewalde sind die Trachten der einzelnen Stände überliefert.

Weil an der Kleidung die gesellschaftliche Stellung einer Person abgelesen werden kann, ist die Verlockung groß, eine vornehmere

Garderobe zu tragen, als einem zusteht. Dagegen wendet sich die sächsische Kleiderordnung von 1750.[7] Gleichzeitig hält sie zur Mäßigung und zum Kauf heimischer Waren an. Jedoch ist dieser Erlass mit so vielen Ausnahmen gespickt, dass er sein eigentliches Ziel verfehlt haben dürfte.

Handels- und Lebenswege zwischen Brandenburg und Sachsen

Die Stadt Luckau liegt am Schnittpunkt alter Handelsstraßen, wovon eine das sächsische Leipzig mit dem brandenburgischen Frankfurt an der Oder verbindet.[8] Nach Berlin sind es 88 km und bis in die sächsische Hauptstadt Dresden 104 km. Die Märkte in Luckau orientieren sich am Kirchenjahr.[9] Hierbei versucht die Stadt die zweimal im Jahr zur Leipziger Messe durch die Niederlausitz reisenden Händler einzubinden.[10] Auch um sich mit der nahegelegenen Stadt Lübben abzustimmen, finden die Märkte jeweils dienstags statt und zwar zum einen nach den Kirchensonntagen Septuagesima (70 Tage vor dem Sonntag nach Ostern, also im Januar/Februar) und Kantate (dem vierten Sonntag nach Ostern und damit im April/Mai). Zum anderen dienen für den Jahrmarkt im Sommer, die „Kirchmeß", und den „kalten Markt" Anfang November die Kirchentage Bartholomäus (24. August) und Allerheiligen (1. November) als Bezugspunkt.[11] Ende des 18. Jahrhunderts kommt, wie in vielen anderen Städten der Niederlausitz auch, ein „Christmarkt" am Dienstag vor dem ersten Weihnachtsfeiertag hinzu.[12]

Wie die Ähnlichkeit zu den Berliner Maßen und Gewichten ersehen lässt, orientiert sich der Luckauer Handel stark nach Norden hin. Nachweislich seit 1696 misst der Luckauer Scheffel 54,687 Liter – nahezu genauso viel wie der Berliner Scheffel. Obwohl der Scheffel damals das wichtigste Handelsmaß ist, variiert er von Stadt zu Stadt. So umfasst er in Dresden 104 Liter. Wiederholt führen die in der Niederlausitz geltenden unterschiedlichen Maßeinheiten zu Konflikten.[13] Der sächsische Kurfürst ist

Dieser Scheffel aus dem 19. Jahrhundert stammt bereits aus preußischer Zeit und hat ein Fassungsvermögen von 54,96 Litern. Holz mit Eisenbeschlag. Bez.: K. Wehle Luckau; Marke: Berlin, NLM Luckau VH 1177/61

daher um deren Angleichung über Kursachsen hinaus bemüht.[14] Mit der Angliederung an Preußen werden die Berliner Maße in der Niederlausitz eingeführt.

Ein praktischer Begleiter für den Warenaustausch zwischen Brandenburg und Sachsen ist das Handbuch für Kaufleute.[15] Es enthält Umrechnungstabellen für alle gängigen Währungen des späten 18. Jahrhunderts. Ohne Arithmetik kann der Händler zu jedem Betrag in der Ausgangswährung das Äquivalent in der Fremdwährung ablesen. Dies mag den niederlausitzischen Kaufleuten vor allem auf den Viehmärkten von Nutzen gewesen sein. Denn Schlachtvieh und agrarische Produkte werden in großen Mengen von Berliner Händlern aufgekauft. Seit Mitte des 18. Jahrhunderts häufen sich in der Niederlausitz die Klagen über die Teuerung von Butter und Fleisch, die diese hohe Nachfrage erzeugt.[16]

Dass der Handel mit Sachsen in der Niederlausitz auch in preußischer Zeit von Bedeutung ist, zeigt etwa der 1826 in Sorau gedruckte Wirtschaftskalender, der alle für den sächsischen Raum wichtigen Feste und Messen enthält.[17] Weiterhin ist Mitte des 19. Jahrhunderts Keramik aus dem sächsischen Kamenz begehrt. Töpfermeister Müller aus Kamenz annonciert 1848 seinen Stand auf dem Luckauer Markt in der Luckauer Kreiszeitung.[18] Archäologische Funde von sächsischen Münzen und Meißner Porzellan sind weitere Zeugen für einen Warenaustausch mit Sachsen in preußischer Zeit.[19]

Wenn auch der Handel mit Berlin für die Niederlausitz Vorteile bringt und umgekehrt auch die Mark Brandenburg von landwirtschaftlichen Erzeugnissen seines südlichen Nachbarn profitiert, sind Grenzgänge ihrer Untertanen hingegen bei der Obrigkeit nicht gern gesehen. 1662 untersagt der brandenburgische Kurfürst seinen Landeskindern den Besuch der Universität Wittenberg. In der Niederlausitz versucht man den Besuch sächsischer Universitäten zu fördern. So vergibt der Luckauer Magistrat Stipendien, damit die Söhne der Stadt in Wittenberg und Leipzig studieren können.[20]

Bewusst für eine Ausbildung in Brandenburg entscheidet sich K. A. Schultze aus Groß-Krausnick, als er sich am 24. November 1813 beim Kaufmann Vietze in Berlin als Lehrling einschreibt.[21] In Preußen gilt seit 1810 die Gewerbefreiheit. In der Niederlausitz wird sie erst 1845 eingeführt. Ein Beispiel für einen sächsischen Lebenslauf ist hingegen Benjamin Puchelt. Er kommt am 27. April 1784 zur Welt. Nach seinem Schulbesuch in Luckau und Lübben studiert er 1804 in Leipzig Medizin. Sein Name fehlt vermutlich deshalb in den Akten zu den Stipendien des Luckauer Magistrats, weil Puchelt in Bornsdorf, südlich von Luckau, geboren ist und somit kein Anrecht auf diese Förderung hat. Auch ohne dieses Stipendium beendet er sein Studium in Leipzig erfolgreich. 1812 ist er dort als Universitätsdozent und Arzt tätig. Aus seiner Praxis geht wenig später die Kinderklinik hervor, die heute zum Uniklinikum gehört.[22] Zu seinen Veröffentlichungen

Dr. Friedrich August Benjamin Puchelt (1784 – 1856), nach 1829, Kupferstich,
NLM Luckau VK 7831/03

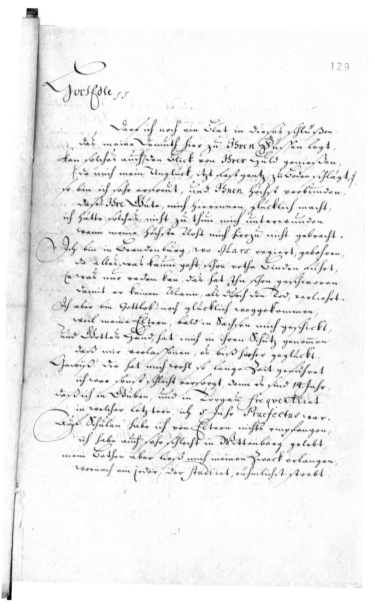

Bewerbungsschreiben von Andreas Müller für das Kantorenamt in Luckau 1726.
BLHA, Rep. 8 Stadt Luckau Nr. 1437, fol. 129

zählen „Das Venensystem" und „Über die Homöopathie", das 1820 in Berlin erscheint. 1824 geht Puchelt als Professor für Pathologie nach Heidelberg, wo er am 2. Juni 1856 stirbt.

Ein Leben in Sachsen wählt der Tuchmachersohn Andreas Müller. Er stammt aus Sommerfeld „in Brandenburg, wo Mars regiert",[23] wie er in seinem Lebenslauf schreibt. Seine Eltern schicken ihn nach Sachsen, wo er erst in Guben, dann in Torgau lebt. Dort ist er fünf Jahre als Erzieher tätig, bevor er 1724 in Wittenberg sein Theologiestudium beginnt. Hier erhält Müller die Aufforderung, sich zurück in seine brandenburgische Heimat zu begeben, um den Militärdienst anzutreten. Weil er sich dem verweigert, wird sein Vater Johann in Haft genommen. Im August 1726 bewirbt sich Müller auf die durch den Tod von Johann Christoph Raubenius[24] frei gewordene Kantorenstelle in Luckau. In seinem gereimten Lebenslauf schildert er das Unglück, dass seine Familie erleiden musste.

Sein dichterisches Talent nutzt Müller auch während seiner Tätigkeit als Kantor in Luckau bis zu seinem Lebensende 1775. So verfasst Müller die Texte zu seinen Chorkompositionen selbst. Am bekanntesten ist seine nach 1726 entstandene Festmusik zur Christmette, die alljährlich in der Luckauer Nikolaikirche am Morgen des ersten Weihnachtstages aufgeführt wird. Nicht weniger als sechs kleine Kantaten schreibt er für das Reformationsfest 1730. Das Notenarchiv der Luckauer Nikolaikirche verwahrt etwa 25 weitere Werke Müllers.[25] Zusammen mit seinem ebenfalls sehr produktiven Amtsvorgänger Raubenius verhilft Müller der Luckauer Kirchenmusik zu einem eigenen Klang. Der derzeitige Kantor der Nikolaikirche, Joachim Klebe, setzt sich seit Jahren für die Wiederentdeckung der Stücke Müllers und anderer Luckauer Komponisten ein und bringt diese kleinen Kunstwerke regelmäßig zur Aufführung.[26]

Seelenheil und Lebenslust

Anders als in Brandenburg, wo die Reformation durch die Landesherrn vorgegeben und offiziell eingeführt wird, bekennen sich Städte und Herrschaften der Niederlausitz nach eigenem Beschluss

Sticktuch, 1735, Leinen. Das Sticktuch schmücken biblische Szenen wie die Kreuzigung Jesu und die Himmelsleiter. Es stammt wahrscheinlich aus adligem Haushalt. NLM Luckau VD 449/62

zum evangelischen Glauben. In Luckau wird 1533 die katholische Messe durch den Bürgermeister Heinrich Adam abgeschafft und 1539 erhält die Stadt erstmals einen evangelischen Prediger.[27] Die Nähe zu Wittenberg begünstigt dabei den Konfessionswechsel in der Niederlausitz. Die Bevölkerungsmehrheit wird so nach und nach lutherisch. Während in Brandenburg nach 1539 alle Klöster säkularisiert werden, verfährt man in der Niederlausitz mit den katholischen Besitzungen moderat. So kann etwa das Kloster Neuzelle bis zur Preußischwerdung der Niederlausitz 1815 weiter existieren.[28]

Dieser gemäßigte Umgang mit dem alten Glauben begünstigt das Fortbestehen von Traditionen aus dem Bereich der Volksfrömmigkeit. Die Marienverehrung bleibt in den Festen „Mariä Verkündigung" und „Mariä Lichtmess" erhalten[29] und erst Ende des 18. Jahrhunderts verschwinden in Luckau Reste katholischer Liturgie wie das lateinische Hora-Singen oder das Tragen spezieller Chorhemden zu besonderen Andachten der Schullehrer und Pfarrer.[30] Neben dem ebenfalls in die katholische Zeit zurückreichenden Heischeumgang zu Karneval, dem Zempern,[31] bleiben die Gregoriusumgänge lange fester Bestandteil der Alltagskultur. Hierbei handelt es sich um zu Jahresbeginn oder auch am 12. März, dem Gedenktag für Papst Gregor I., stattfindende Singeumgänge, mit denen die Schullehrer ihr spärliches Gehalt aufbessern. Hierzu ziehen sie mit ihren Schülern singend von Haus zu Haus und erbeten Gaben. Angesichts der zu dieser Jahreszeit oft frostigen Temperaturen, erbarmen sich die Zuhörer nicht nur mit klingender Münze, sondern auch mit wärmenden Getränken.[32] In Potsdam besteht ein ähnlicher Brauch, der allerdings, ohne dass hier Alkohol im Spiel gewesen zu sein scheint, bereits Mitte des 18. Jahrhunderts als Schultischgeld in eine feste Abgabe der zu einer Parochie gehörenden Hausbesitzer überführt wird.[33] Klagen über betrunkene Schüler und die Sorgen um das Kindswohl treffen in der Niederlausitz jedoch auf den hartnäckigen Widerstand der Lehrer, die auf die zu ihrem Amt gehörenden Nebeneinkünfte angewiesen sind. So werden die Gregoriusumgänge zunächst in die warme Jahreszeit verlegt, um sie 1869 ganz abzuschaffen.[34]

Dieser Brauch des Gregoriusumganges zeigt auch, wie tief verwurzelt die Bereitschaft in der Bevölkerung ist, die Arbeit der Kirche, zu der auch die Schulen gehören, durch eigenes Zutun zu unterstützen. Die Versorgung von Kirche und Schule wird also nicht als staatliche Aufgabe, sondern als zu weiten Teilen gemeinschaftliche Verpflichtung angesehen. Noch im 18. Jahrhundert erhält die Kirche Zuwendungen unterschiedlichster Art. Damit sind nicht die festen Abgaben gemeint, die die Prediger, Kantoren und Schullehrer zu ihrem Gehalt als Einkünfte genießen,[35] sondern freiwillige Leistungen einzelner Gemeindeglieder. So spenden die Meister mehrerer Gewerke ihre Arbeitskraft der Kirche. Beispielsweise fertigen die Luckauer Riemer die Glockenseile für die Stadtkirche an.[36] Andere Bürger beschenken ihre Gemeinde mit liturgischen Gegenständen, wie Abendmahlskelch oder Oblatenschachtel. Diese Gaben dienen vordergründig dazu, die persönliche Verbundenheit mit der Gemeinde und den eigenen Wohlstand zu zeigen. Gleichzeitig besitzen sie über den Materialwert hinaus einen hohen Symbolgehalt. Der Stifter bleibt beim Gottesdienst auch über seinen Tod hinaus gegenwärtig.[37] Indem er ein für die Liturgie relevantes Objekt zur Verfügung stellt, ohne das eine bestimmte Handlung nicht möglich wäre, erhofft sich der Gläubige Segen für die Ewigkeit.

Bei den Zünften lässt sich ein caritatives Engagement auch über die Kirchenbänke und die Innungslade hinaus beobachten. Es ist z.B. im Verteilen von Spendentuch verankert, das sich bis in die Mitte des 17. Jahrhunderts zurückverfolgen lässt. An Weihnachten übergeben die Tuchmacher dem Magistrat etwa 30 Ellen Stoff für die Armen der Stadt, die reihum jedes Jahr ein Meister aus dem Gewerk anzufertigen hat. Mit wachsender Bevölkerungszahl und steigender Armut gerät dieser Brauch aus den Fugen. Ein einzelner Meister kann die Nachfrage an Spendentuch kaum mehr erfüllen. Als sich die Zahl der Bedürftigen nach 1770 nahezu verdoppelt, ersetzt der Magistrat das Spendentuch durch ein Geldgeschenk.[38] Dennoch ist dieser Brauch gerade in seiner Langlebigkeit etwas, das die Armenfürsorge der Stadt Luckau gegenüber anderen Kommunen auszeichnet.

Opferbüchse aus Bornsdorf, 1733, Kupferblech, Inschrift: Anna Christina Fischer 1733, NLM Luckau VC 284/62

Christliche Nächstenliebe üben die Bürger nicht nur gegenüber den Stadtarmen. Auf Bitten des preußischen Königs, für
die durchziehenden Salzburger zu sorgen, bereitet sich die Stadt
Luckau im Sommer 1732 auf den Empfang der lutherischen Glau-
bensflüchtlinge vor.[39] Vom 40 km entfernten Herzberg kommend,
treffen am 7. August 450 Salzburger mit 50 Pferden in Luckau
ein, wo sie herzlich aufgenommen werden. Tags darauf feiern
Luckauer und Salzburger gemeinsam einen großen Gottesdienst.
Am nächsten Morgen erhält jeder 15 Groschen aus der Kollekte

Oblatenschachtel, 1724, Zinn, gestiftet von Sebastian Gebhardt sen., Pitschen,
Marke: Joh. Christian Grünewald, Lübben, NLM Luckau VC 297/62

für seine Weiterreise. Wie tief die Einwohnerschaft über die
Ankunft der Salzburger bewegt ist, lassen die Magistratsakten
erahnen. Dieses Ereignis wird hier mit anrührender Genauigkeit
beschrieben. Sogar, welche Lieder beim Einzug der Salzburger von
der Bürgerschaft gesungen werden, ist aufgezeichnet. Bedeutsam
ist dem Protokollanten auch, dass die Salzburger die vorne in der
Prozession angestimmten Choräle am Ende des Zuges nicht richtig
hören können und welche Kirchenlieder sie stattdessen singen.

Die Aufnahme der Salzburger führt uns noch einmal vor Augen, welch tragende Rolle die Musik im Luthertum spielt. Luther preist sie in seinen Tischreden nicht als Menschengeschenk, sondern als Geschenk Gottes, das den Teufel vertreibt und die Leute fröhlich stimmt: „Ich gebe nach der Theologie der Musik die höchste Ehre."[40] Die bis weit ins 18. Jahrhundert ungebrochene Freude an musikalischen Aufführungen im lutherischen Gottesdienst dient zugleich der Abgrenzung gegen die asketische Frömmigkeit der reformierten Kirchen.[41] Etwa seit dem 17. Jahrhundert wird um die Predigt eine zu einem bestimmten Thema verfasste Kantate arrangiert.[42]

Dennoch überraschen Originalität und hohes Niveau der Luckauer Sakralmusik unter Raubenius und Müller. Denn während ihre Kunstfertigkeit der städtischen Musik in Luckau zu einer späten Blüte verhilft, befindet sie sich in Berlin und anderen märkischen Städten bereits auf dem absterbenden Ast.[43] Dabei erklärt sich dieser Erfolg nicht allein aus dem Können der Luckauer Kirchenmusiker. Es braucht auch ein professionelles Umfeld, um das Talent des Kantors zur Entfaltung zu bringen. Dies beginnt bereits bei den Chorsängern. Bis ins 18. Jahrhundert verfügen wohlhabende Luckauer Bürger testamentarisch, die Gesangsausbildung der Gymnasiasten zu unterstützen.[44]

Als ausführende Musiker kann der Kantor auf die Angehörigen der Stadtpfeiferei zurückgreifen. Es handelt sich hierbei um vom Magistrat bestallte Musiker, die vor allem eine Reihe Blasinstrumente beherrschen müssen, um die verschiedensten Anforderungen ihres Amtes zu erfüllen. Neben dem Musizieren bei Kantaten zählen hierzu die Begleitung des Gemeindegesangs auf der Posaune, das Spielen von täglich zwei Liedern auf der Trompete vom Hausmannsturm und das Aufspielen zu öffentlichen Anlässen und Feiern. Weiterhin müssen die Stadtpfeifer auf dem Hausmannsturm mit dem Horn viertelstündlich Signal blasen und bei Gefahr Alarm geben.[45] Die Stadtpfeifer teilen sich diese Aufgaben mit ihren Gesellen und Lehrlingen.

Entscheidend für die florierende Musikkultur in Luckau ist aber nicht, dass es eine Stadtpfeiferei gibt, sondern dass deren Musiker daneben noch bei Hochzeiten und Taufen, im Wirtshaus

Wilhelm Schulze-Rose (1872 – 1950), Innenansicht der Kirche in Lindena, vor 1910, Öl auf Leinwand.
Ein mit Bändern und Kränzen reich geschmückter Kirchenraum wie hier in Lindena im Altkreis
Luckau ist typisch für die Dorfkirchen der Niederlausitz dieser Zeit. NLM Luckau VK 1237/62

und auf Märkten und Festen zahlreiche Auftritts- und Zuver-
dienstmöglichkeiten haben, und damit, anders als viele ihrer
brandenburgischen Kollegen, von ihrer Kunst leben können.[46]
Nicht zuletzt wird den Kantoren viel abverlangt. Ein Theologiestudium gehört dabei zur Einstellungsvoraussetzung. Ferner
sind sie nicht nur Komponisten und Dirigenten, sondern auch
Sänger und Lehrer. Umso erstaunlicher ist, dass ihnen keine
auskömmliche Bezahlung zuteilwird und sie ihr Salär durch
diverse Nebeneinkünfte aufbessern müssen, was nicht selten
zu Konflikten mit Gemeindegliedern führt.[47] Im Ansehen der
Gemeinde ist der Kantor jedoch viel geringer angesetzt als die

Feuerkieke mit Einsatz, um 1770, Kupferblech; Steinzeug, NLM Luckau VC 222/62

Prediger und auch ihre Werke galten ihren Zeitgenossen nur als Gebrauchsmusik. Anders als zu den Pfarrern ist kein Bildnis zu den Luckauer Kantoren aus sächsischer Zeit überliefert, obwohl vor allem Raubenius und Müller mit ihren Kompositionen über ihre Zeit hinaus Bedeutendes geschaffen haben.

Über die christliche Botschaft hinaus soll der lutherische Gottesdienst also Herz und Sinne ansprechen. Einem gewissen Komfort gegenüber sind die Frauen damals sehr aufgeschlossen. Für sie sind Feuerkieken im Winter unverzichtbare Gottesdienstbegleiter. Die tragbaren Öfchen lassen sich über eine seitliche Klappe mit Glut füllen und spenden stundenlang Wärme. Als die defekte Feuerkieke einer Magd beinahe die wendische Kirche in Lübben in Brand setzt, werden sie 1770 verboten.[48] Daraufhin unterzeichnen 90 Frauen einen Protestbrief an das Konsistorium der Niederlausitz.

Kartenpresse, um 1850 mit Spielkarten, Naumburg / Altenburg 1845 – 1870,
Papier, Holzschnitt, Lithografie, NLM Luckau VH 1047/62, VH 2725/77

Wortführerin ist Johanna Eberhardina von Schlieben, die Dienstherrin der unglücklichen Magd:

Wir sind „an diese Wärm-Stübgen gewöhnt, und unser Geschlecht welches bekanntermaßen, von Natur weniger Kälte, als das andere Geschlecht, das überdies schon durch seine Kleidung wieder die Kälte vor uns weit beßer verwahrt ist, vertragen kann, ist in der That hierunter zu beklagen, da wir nicht davon können, daß uns die Natur in dem Stücke weniger Stärke gegeben hat [... Wenn] also zur Winters-Zeit bey einfallender großer Kälte, wir 2 bis 3 Stunden lang dem öffentlichen Gottes-Dienste beywohnen sollen, und uns der sogenannten Feuer-Kieken nicht bedienen dürfen, so müßen wir entweder unsere Gesundheit dabey zusetzen, und die Andacht leydet doch allemahl, weil man nur wünschet,

Steilwand-Schüssel, 1734, Zinn, Marke: Zeitz, Inschrift: Anno 1734, NLM Luckau VC 246/62

daß die Predigt schon vorbey seyn möchte, oder wir müßen im Winter das Gottes-Haus ganz und gar nicht besuchen, welches aber doch denen Pflichten unserer allerheiligsten Religion zuwieder ist."

Als weitere Begründung fügen die Klägerinnen an, dass ohne die Feuerkieken die Kirchen sonntags bereits deutlich schlechter besucht seien. Im Übrigen sei ihr Gebrauch völlig unbedenklich „wenn nur vorsichtig damit umgegangen wird, so wird Gott auch ferner alles Unglück verhüten". Trotz dieses entwaffnenden Gottvertrauens obsiegt am Ende doch die behördliche Vernunft und die Feuerkieken bleiben verboten.

Die Pflicht eines Christen, auf die sich die Frauen in ihrem Schreiben an das Konsistorium berufen, den Gottesdienst regelmäßig zu besuchen und sich dabei andächtig zu verhalten, ist bereits in der Sabbat-Verordnung von 1749 niedergelegt.[49] An Sonn- und Feiertagen achtet er ferner die Arbeitsruhe und enthält sich des

Zinnteller, Inschrift: „A.K. 1806", NLM Luckau VC 251/62

Kartenspiels. Nach dem Kirchgang darf er einen Trunk in Ehren bei gemäßigter Musik genießen und seinen Leib beim Kegeln ertüchtigen. Tabu sind: Tanzen unter freiem Himmel, Fluchen, Schreien, Jauchzen und das Singen anstößiger Lieder.

Obwohl das Kartenspiel von den Kirchen als teuflisch und lasterhaft gescholten wird, erfreut es sich großer Beliebtheit. In der Niederlausitz ist das deutsche Blatt mit den Farben Eichel, Schippen, Herz und Schellen gebräuchlich. Meist stammt es aus dem thüringischen Altenburg (erkennbar an den roten Eicheln), wo seit dem Mittelalter Spielkarten hergestellt werden. Zum Glätten der Karten dient eine Presse. Das in Preußen übliche französische Blatt besteht wie unser heutiges Skatspiel aus Kreuz (Klee), Pik, Herz und Karo (Quadrat).

Frömmigkeit hin oder her – in sächsischer Zeit liebt man in der Gegend um Luckau das Leben. Davon legen die Zinngeschirre des

Niederlausitz-Museums ein beredtes Zeugnis ab. Zinn ist das Silber des kleinen Mannes. Es dient nicht nur als Essgeschirr, sondern auch der Repräsentation. Hier sind zwei besonders dekorative Stücke abgebildet. Der Zinnteller trägt für jeden Monat eine Bauernregel in Wort und Bild. Die Schüssel ist mit Weinranken versehen und dem Spruch: Der Wein macht lose Leute. Wer dazu Lust hat, wird nimmermehr weise.

Anmerkungen 1. Kapitel

1   Zu den Auswirkungen der Schlesischen Kriege auf die Niederlausitz vgl. Im Grenzland zwischen Preußen und Sachsen. Lübben im Würgegriff Friedrichs des Großen, hg. vom Förderverein des Stadt- und Regionalmuseum Lübben e.V., Cottbus 2012.

2   Einen kompakten Überblick zur Geschichte Sachsens liefert das gleichnamige Werk von Reiner Gross. Ders., Geschichte Sachsens, 4. Auflage, Leipzig 2012.

3   Vgl. zur Sekundogenitur Sachsen-Merseburg und ihrem Verhältnis zur Kurlinie Vinzenz Czech, Die Niederlausitz im 17. und 18. Jahrhundert. Herrschaftspraxis und dynastische Zeichensetzung der Merseburger Herzöge, in: Heinz-Dieter Heimann/Klaus Neitmann/Uwe Tresp (Hg.), Die Nieder- und Oberlausitz. Konturen einer Integrationslandschaft. Band 2: Frühe Neuzeit (= Studien zur brandenburgischen und vergleichenden Landesgeschichte, Band 12), Berlin 2014, S. 205 – 223, insb. S. 212f.

4   Brandenburgisches Landeshauptarchiv Potsdam (im folgenden BLHA) Rep. 40C Niederlausitzisches Konsistorium Nr. 653, fol. 17, für das Jahr 1804. Nach ebd., fol. 6 wird dieses Fest erstmalig 1657 erwähnt. Es muss in diesem Jahr wegen des gleichzeitig stattfindenden Frühjahrsmarktes auf den 1. Mai verschoben werden, was darauf hindeutet, dass es zu diesem Zeitpunkt bereits seit einigen Jahren existiert.

5   BLHA, Rep. 8 Stadt Luckau Nr. 1795, 21.12.1654. Auch Luckau muss im Großen Krieg „pressuren" und „Brandtschatzungen" erleiden, so dass die Stadt „mit einer großen Schuldenlast überhäuffet worden". BLHA, Rep. 8 Stadt Luckau Nr. 439, 22.12.1668. Von den Kriegsfolgen erholt sich Luckau nur langsam. Noch um 1700 wird der 1659 eingeführte, der Kirche zugutekommende Brauzins wegen Armut der Bürger halbiert. BLHA, Rep. 40C Niederlausitzisches Konsistorium Nr. 677.

6   Niederlausitz-Museum Luckau (im folgenden NLM Luckau) VS 2271/63.

7   BLHA, Rep. 40C Niederlausitzisches Konsistorium Nr. 85, 21.02.1750.

8   Vgl. Rudolf Lehmann, Geschichte des Markgraftums Niederlausitz, Dresden 1937, S. 116.

9   Das älteste erhaltene Verzeichnis der Märkte stammt aus dem Jahr 1676. BLHA, Rep. 8 Stadt Luckau Nr. 388, letztes Blatt. Zu dieser Zeit gibt es nur drei Jahrmärkte. Der Markt nach Septuagesima kommt später hinzu. Er wird 1743 im Friedens- Kriegs und Historienkalender, Leipzig, erwähnt. NLM Luckau VS 1728/62.

10   In Lübben werden die Viehmärkte freitags und samstags abgehalten und am Montag die ordentlichen Märkte, auf denen auch die Händler aus Frankfurt an der Oder und aus Luckau ihre Waren anbieten. BLHA, Rep. 17B Oberamtsregierung der Niederlausitz Nr. 527.

11   Die Verzeichnisse der Marktstände von 1684 bis 1709 dokumentieren neben dem Namen, der Standnummer und dem Gewerbe auch die Herkunft des Händlers. Hieraus lässt sich eine überregionale Bedeutung dieser Märkte ablesen. Diese Aufzeichnungen konnten für dieses Projekt leider ebenso wenig ausgewertet werden, wie das hypothekenbuchartig angelegte Händlerverzeichnis von 1739 bis 1816. BLHA, Rep. 8 Stadt Luckau Nr. 389 und 392.

12   Erstmals ist dieser für das Jahr 1797 belegt. BLHA, Rep. 17B Oberamtsregierung der Niederlausitz Nr. 528, 16.03.1797. Da der Christmarkt in den gebräuchlichsten Kalendarien aus dem 19. Jahrhundert nicht erwähnt wird, ist zumindest fraglich, ob er lange Bestand hat oder über Luckau hinaus wahrgenommen wird.

13   Aus dem Jahr 1678 datiert ein Streit zwischen Händlern aus Luckau und Lübben um Getreidemaße. BLHA, Rep. 17B Oberamtsregierung der Niederlausitz Nr. 764, fol. 76ff. Des Weiteren enthält diese Akte Patente zur Einführung gleicher Elle aus dem Jahr 1734.

14   BLHA, Rep. 17B Oberamtsregierung der Niederlausitz Nr. 765.

15   Handbuch für Kauf- und Handelsleute, Zittau 1799, NLM Luckau VS 1690/62.

16   Erstmals geschieht dies 1747 für Schlachtvieh BLHA, Rep. 17B Oberamtsregierung der Niederlausitz Nr. 401. Für die Teuerung von Butter und anderer Lebensmittel durch den Ankauf brandenburgischer Händler für den Berliner Markt vgl. BLHA, Rep. 17B Oberamtsregierung der Niederlausitz Nr. 423.

17   Neuer Wirtschafts- und Historienkalender, Sorau 1826, NLM Luckau VS 1728/62.

18   Luckauer Kreis-Wochenblatt 19.02.1848/ NLM Luckau L 2 - 5544/11.

19   Bei der Räumung des Schlossgrabens in Uckro fanden sich 1990 Scherben Meißner Porzellans. NLM Luckau VA 8440/15. Eine sächsische Drei-Pfennig-Münze von 1864 kam bei Gartenarbeiten in Luckau 2013 zum Vorschein. NLM Luckau VG 8439/15.

20   BLHA, Rep. 40C Niederlausitzisches Konsistorium Nr. 1419; 1419/1.

21   Auf einem Formular mit dem Titel „Instruktion für Lehrlinge der Kaufmannschaft", das zur Sammlung des Niederlausitz-Museums gehört, bescheinigt Vietze Schultzes Ausbildungsbeginn in seinem Geschäft. Das Dokument enthält ferner die Rechte und Pflichten eines Lehrlings. NLM Luckau VS 1780/75.

22   http://www.uni-leipzig.de/unigeschichte/professorenkatalog/leipzig/Puchelt_1358 [19.12.2014]. Zur Geschichte der Kinderklinik vgl. http://kik.uniklinikum-leipzig.de/kikcms.site,postext,klinik,a_id,318.html, http://kik.uniklinikum-leipzig.de/kikcms.site,postext,klinik,a_id,306.html [19.12.2014]. Siegfried Kohlschmidt, Der Drucker und Verleger Benedikt Gotthelf Teubner und der Arzt Friedrich August Puchelt. Zwei vergessene Persönlichkeiten aus dem Altkreis Luckau, in: Luckauer Heimatkalender 2006, S. 74-78.

23   Weiter heißt es: „da alles was kaum geht, schon rothe Binden führt."
BLHA, Rep. 8 Stadt Luckau Nr. 1437, fol. 129. Zu Müllers Vita vgl.
fol. 126ff.

24   Zum Wirken Raubenius' in Luckau vgl. Karl Paulke, Musikpflege
in Luckau. Neue Beiträge zur Musikgeschichte der Niederlausitz, in:
Niederlausitzische Mitteilungen, XIV (1918), S. 73-150, hier S. 81ff.
und zu den Luckauer Kantoren allgemein S. 73-101.

25   Als Anhaltspunkt kann hier das Register des Luckauer Notenarchivs
bei Paulke dienen, das allerdings sehr viele Kompositionen ohne
Verfasserangabe enthält. Paulke, S. 129-150.

26   Lausitzer Rundschau, Musik-Schätze in Luckau gehoben. Wieder-
entdeckte barocke Werke bei Kantoreikonzert in der Nikolaikirche,
12.10.2012.

27   Julius Vetter, Beiträge zur Geschichte der Kirchenverbesserung in der
Niederlausitz. III. Abtheilung, Reformationsgeschichte bis zum Jahr
1545, Luckau 1839, S. 14.

28   Walter Ederer, Das Kloster Neuzelle. Ein Streitfall in der Niederlausitz, in: Preußen Sachsen Brandenburg. Nachbarschaften im
Wandel, hg. von der Brandenburgischen Gesellschaft für Kultur und
Geschichte gGmbH und Kulturland Brandenburg, Potsdam, Leipzig
2014, S. 92-99.

29   Mariä Verkündigung wird für gewöhnlich am 25. März gefeiert.
In den Jahren mit früher Passionszeit wird es auf Anordnung der
Kirchenleitung erst nach Ostern begangen. So lässt sich diese Marien-
feier auch für die zweite Hälfte des 18. Jahrhunderts belegen. BLHA,
Rep. 40C Niederlausitzisches Konsistorium Nr. 153. Der 2. Februar
(Mariä Lichtmess) ist zwar kein Feiertag, aber er markiert das Ende
der Weihnachtszeit, zu dem als besonderes Gebäck die Klemmkuchen
zubereitet und verspeist werden. Vgl. zur Marienverehrung im
Luthertum den Abschnitt Im Kreise der Familie in Kap. III und zu
den Klemmkuchen den Abschnitt Mit Leib und Seele in Kap. IV.

30   Eine ausführliche Schilderung dieses Rituals datiert aus dem Jahr 1791
und findet sich bei BLHA, Rep. 8 Stadt Luckau Nr. 1355, fol. 30-34.

31   Vgl. zum Zempern auch den Abschnitt Erinnern und Bewahren in
Kap. IV.

32   „Die Schulkinder von Gröblitz und Möllendorf gehen an diesem Tage
gemeinschaftlich in beiden Dörfern vor den einzelnen Häusern singen,
bei welcher Gelegenheit sie von den Leuten Geld, Bier und dergl.
bekommen. Abends ist dann schließlich in der Schänke zu Gröblitz
Tanz u. zwar unter Aufsicht des Lehrers, wobei sich auch die Eltern
der Kinder betheiligen." BLHA, Rep. 6B Kreisverwaltung Luckau
Nr. 246, fol. 8.

33   Stadtarchiv Potsdam, 1-4/159.

34   BLHA, Rep. 40C Niederlausitzisches Konsistorium Nr. 157.

35   Als Beispiel seien hier die Getreidezuteilungen für das Horasingen
genannt. BLHA, Rep. 8 Stadt Luckau Nr. 1355, fol. 32v.

36   So geschehen im Jahr 1715. BLHA, Rep. 8 Stadt Luckau Nr. 1230.

37 Vgl. zu dieser Stifterintention den reich bebilderten Aufsatz von Maria Deiters, Epitaphs in Dialogue with Sacred Space. Post-Reformation Furnishings in the Parish Churches of St Nikolai and St Marien in Berlin, in: Andrew Spicer (ed.), Lutheran churches in early modern Europe, Farnham 2012, p. 63-96.

38 BLHA, Rep. 8 Stadt Luckau Nr. 439. Neben dem spendenden Meister sind oftmals auch die Empfänger namentlich verzeichnet. Erstmals am 22.12.1775 erhalten die Stadtarmen Bargeld in Höhe von mindestens vier Groschen.

39 BLHA, Rep. 8 Stadt Luckau Nr. 71. Die Salzburger sollen sich auf Einladung Friedrich Wilhelm I. (1688 – 1740) im pestverheerten Ostpreußen ansiedeln.

40 Martin Luther, Tischreden. Die Werke Martin Luthers in neuer Auswahl für die Gegenwart, hg. von Kurt Aland, Vol. 9, Stuttgart 1960, Nr. 738, S. 265f., zitiert nach Matthias Range, The Material Presence of Music in Church. The Hanseatic City of Lübeck, in: Spicer, Lutheran churches, p. 197-220, here p. 197.

41 Range, S. 198.

42 Ebd., S. 216.

43 Vgl. Curt Sachs, Musikgeschichte der Stadt Berlin bis zum Jahre 1800. Stadtpfeifer, Kantoren und Organisten an den Kirchen städtischen Patronats nebst Beiträgen zur allgemeinen Musikgeschichte Berlins, Berlin 1908, Reprint Hildesheim/New York 1980, insbesondere S. 51ff. Für diesen Hinweis ist Peter Bahl, Berlin zu danken.

44 Das jüngste Beispiel ist wohl das Testament der Margarethe Exin, die 1736 die gut 18 Reichstaler Zinsen ihres Vermögens der Schule und Kirche zugutekommen lässt. BLHA, Rep. 40C Niederlausitzisches Konsistorium Nr. 1420, fol. 3-7.

45 Die Aufgaben des Stadtpfeifers werden ausführlich in der Bestallungsurkunde von Johann Gottfried Kirsten aus Kamenz 1732 erwähnt. Er ist zugleich auch Organist. BLHA, Rep. 8 Stadt Luckau Nr. 1205, fol. 4ff.

46 Friedrich Wilhelm I. will in Brandenburg-Preußen per Edikt Hochzeiten und Taufen auf den engsten Familienkreis begrenzen, was sich auch auf die Aufträge der Stadtmusiker auswirkt. BLHA, Rep. 19 Steuerrat Potsdam Nr. 2456, 31.07.1728.

47 Vgl. hierzu die Ausführungen zur Taufe in Kap. III.

48 BLHA, Rep. 40C Niederlausitzisches Konsistorium Nr. 198.

49 BLHA, Rep. 40C Niederlausitzisches Konsistorium Nr. 151, 02.08.1749.

2. Die Niederlausitz und das Reformationsgedenken

Früh entwickelt sich eine sächsische Erinnerungskultur um Martin Luther (1483 – 1546). Dessen „Thesenanschlag" 1517, die Übergabe des Augsburgischen Bekenntnisses der evangelischen Reichsstände an Kaiser Karl V. 1530 und der Augsburger Religionsfriede, mit dem 1555 das Luthertum seine Anerkennung als Konfession im Reich erhält, werden alle 100 Jahre gefeiert. Die sächsischen Kurfürsten sehen sich als Erben Friedrich des Weisen (1463 – 1525), der Luther einst beschützte. In sächsischer Zeit werden die Reformationsfeste auch in der Niederlausitz unter großer Anteilnahme der Bevölkerung begangen. Nach 1815 drohen in der nun preußischen Niederlausitz die Reformationsfeierlichkeiten zum Bekenntnis zu Sachsen zu werden.

Die Anfänge der Reformationserinnerung

Das Jahr 1517, in dem der Theologiedozent Dr. Martin Luther seine Ideen für eine Reform der katholischen Kirche an der Universität Wittenberg zur Diskussion stellt, gilt schnell als der Beginn der Reformation. Doch anstatt die katholische Kirche von innen her zu erneuern, wie Luther es beabsichtigt, führen sie zu deren Spaltung. Luther gibt somit den Anstoß für ein neues Glaubensbekenntnis, eine neue protestantische Kirche, deren Mittelpunkt nicht Rom, sondern die Universität Wittenberg ist. Die neue protestantische „Sekte", wie ihre Gegner sie nennen, muss sich als Minderheit im Reich der Anfeindungen des Papstes und der katholischen Kirche ebenso erwehren, wie der des Kaisers und seiner verbündeten weltlichen Fürsten. Um sich gegen den Widerstand von außen zu behaupten, bedarf es einer starken Gruppenidentität. Großen Einfluss hierauf hat das gemeinsame Feiern des Abendmahls, das in Abgrenzung vom Katholizismus im Luthertum in beiderlei Gestalt, nämlich in Brot und Wein, den Gläubigen gereicht wird. Durch diese Zeremonie lässt sich beim Gottesdienst die Zugehörigkeit zur protestantischen und die Abkehr von der katholischen Kirche zugleich bekennen.

Dem Abendmahl wohnt zwar eine bewusste Entscheidung des Gläubigen für das neue Bekenntnis inne, aber allein daraus lässt sich noch kein Beweis für seine Wahrheit ableiten. Dies stellt sich im Nachhinein durch das ununterbrochene Fortbestehen des Luthertums her und muss durch die Erinnerung bekräftigt werden. So spielt das Gedenken an das historische Ereignis von 1517 eine zentrale Rolle. Den Anfang hierzu soll bereits Luther selbst gemacht haben, als er am 1. November 1527 mit einem guten Freund – und sicher auch einem guten Wein – anstieß: „Zehn Jahre nachdem die Ablässe vernichtet wurden, in Erinnerung daran trinken wir beide getröstet in dieser Stunde".[1] Der Zusammenhalt unter den Anhängern Luthers ist umso wichtiger nach dem Tod des Reformators im Jahr 1546. In diese Zeit fällt auch die Entstehung des Stammbuches.[2] Der Ursprung ist auch hier die Universität Wittenberg. Anstatt wie gehabt ihrem Professor ein Buch zum Signieren vorzulegen, gehen die Studenten dazu über, in einem eigens dazu angefertigten Büchlein Einträge ihrer Lehrer und Weggefährten zu sammeln. So können sie sich in der Fremde an sie erinnern und sie im Geiste bei sich wissen.

An der Universität Wittenberg wird auch die Erinnerung an Luther und seine Reformation gepflegt und diese eng mit der Universitätsgeschichte verwoben.[3] So feiert man dort 1602 nicht nur das hundertjährige Bestehen der Universität, sondern gedenkt auch in Ansprachen und Predigten der Reformation von 1517. Diese Feierlichkeiten werden zum Vorbild für alle späteren Säkularfeste.[4] Bereits 1617 findet in Sachsen die erste landesweite Reformationsfeier statt. Das Fest von 1617 bedeutet eine starke Selbstvergewisserung für die Gläubigen, weswegen sich die oberste Kirchenbehörde des Landes sehr für die landesweite Ausrichtung einsetzt.[5] Hundert Jahre Reformation und es gibt uns noch – so der Tenor – damit ist auch der Beweis erbracht, dass Luthers Verständnis von Kirche richtig ist. Kurfürst Johann Georg I. weiß die Ausdehnung der

Plakette zum Reformationsjubel- und Dankfest, 1817, Eisenkunstguss. Umschrift: EINE FESTE BURG IST UNSER GOTT u.: REFORMATIONS JUBEL UND DANKFEST EINTAUSEND ACHTHUNDERT SIEBENZEHN, NLM Luckau VC 3068/78

Feierlichkeiten auf ganz Sachsen für seine politischen Interessen zu nutzen. Als Initiator des Reformationsgedenkens will er seine Landesherrschaft konsolidieren und sich im Reich als Schutzfürst des Luthertums inszenieren.[6] Nach Art des Jubiläums von 1617 wird nicht nur die Zweihundertjahrfeier 1717 begangen, sondern auch 1730 die zweihundert Jahre des Augsburgischen Bekenntnisses oder 1755 die Zweihundertjahrfeier des Augsburger Religionsfriedens.

Die ersten Jubelfeiern in der Niederlausitz

Wie im übrigen Land Sachsen, einschließlich der Niederlausitz, finden vom 31. Oktober bis zum 2. November 1717 in Luckau wie in der ganzen Niederlausitz die Feiern des Reformationsjubiläums statt. Die Niederlausitz wird damals noch von der herzoglichen Linie Sachsen-Merseburg regiert, die wiederum der Herrschaft des sächsischen Kurfürsten untersteht. So ist man in der Niederlausitz im Oktober 1717, nur wenige Tage vor dem Jubiläum, gleichermaßen wie im restlichen Sachsen über die Nachricht bestürzt, dass der designierte Thronfolger des für den Erwerb der polnischen Königskrone zum Katholizismus übergetretenen August des Starken, Kurprinz Friedrich August, bereits ein Jahr zuvor zum katholischen Bekenntnis konvertiert ist.[7] Solange der Kurprinz am Luthertum festhält, hofft die lutherische Bevölkerungsmehrheit, dass die katholische Landesherrschaft nur eine Episode bliebe.[8] Nun sieht sie sich bitter enttäuscht und fürchtet um den Fortbestand ihrer eigenen Konfession. Doch sollen sich ihre Ängste schnell als unbegründet erweisen. Der Kurfürst hegt weder die Absicht, gegen die lutherische Konfession in seinem Land vorzugehen, noch die Reformationsfeiern nicht wie geplant stattfinden zu lassen. Als katholischer Regent braucht August der Starke das Jubiläum von 1717, um auch nach dem Bekenntniswechsel des Kurprinzen seinen lutherischen Untertanen die Religionsfreiheit glaubhaft zu garantieren und so seine Regentschaft zu festigen.[9]

Die Feiern von 1717 beginnen in Luckau mit einem festlichen Geläut am Nachmittag des 30. Oktobers, einer Abendandacht, der Vesper, und anschließender Beichte.[10] So eingestimmt und vorbereitet werden die Luckauer am nächsten Tag um vier Uhr morgens durch ein „Allein Gott in der Höh' sei Ehr", das Schüler vom Hausmannsturm herab mit Posaunen intonieren, geweckt. Das eigentliche Fest beginnt um acht Uhr. Die Schützen der Stadt, 54 an der Zahl, versammeln sich in festlichem Schwarz mit ihren Gewehren vor dem Rathaus, in dem sich bereits der Magistrat und andere in der Verwaltung der Stadt tätigen Bürger eingefunden haben. Durch ein Spalier der Schützen begeben sich Magistrat und Bürgerschaft unter Kirchengeläut in Richtung Nikolaikirche und singen dabei die Choräle „Oh Herre Gott, Dein Wort" und „Wo Gott der Herr nicht bei uns hält". In der Kirche findet ein Abendmahlsgottesdienst statt, ein zweiter Gottesdienst am Nachmittag.

Der Bedeutung dieses hohen Feiertages entsprechend, hat der Kantor Raubenius zu diesem Gottesdienst eine Kantate verfasst, von der leider nur der Text, nicht aber die Noten überliefert sind.[11] So wissen wir, dass Raubenius für diese Kantate auf viele Kirchenlieder zurückgriff, darunter auch auf den Lutherchoral schlechthin: „Ein feste Burg ist unser Gott". Auch am zweiten und dritten Festtag beginnt der Tag in Luckau um vier Uhr mit einem Kirchenlied vom Hausmannsturm und findet sich die Gemeinde am Vormittag oder Nachmittag zum Gottesdienst in der Nikolaikirche ein. Eine Prozession zum Marktplatz mit Salutschüssen der Schützen verkündet am zweiten November das Ende der Feierlichkeiten. Auf dem Tuchboden des Rathauses hält der Stadt-Syndicus Fritsche zum Abschluss noch eine Festrede.

Anders als der Gottesdienstablauf ist das, was sich vor den Kirchentüren in Luckau abspielt, weder durch das Oberkonsistorium noch durch die Landesherrschaft vorgegeben, sondern gründet allein auf Initiative des Magistrats. Sich am Markt zu versammeln, kommt für die Bürgerschaft einem öffentlichen Glaubensbekenntnis gleich. Dem Magistrat ist somit sehr daran gelegen, dieses Gemeinschaftsgefühl im öffentlichen Raum der Stadt sichtbar für jeden zu inszenieren. Den Ratspersonen, den Schützen und der Stadtpfeiferei, vertreten durch die Schüler auf dem Hausmannsturm, werden dabei exponierte Funktionen bei der feierlichen Umrahmung der Gottesdienste zugewiesen. So wird letztlich auch die Bedeutung eines gemeinsamen Bekenntnisses für eine solidarische Stadtgemeinde unterstrichen. Gleichzeitig bekräftigten Magistrat und Bürgerschaft ihren Wunsch nach Glaubensfreiheit gegenüber der katholischen Landesherrschaft. Der Riss zwischen Untertanen und Landesherrn wird hierbei sichtbar. Der Kurfürst ist zwar weiterhin Initiator der Reformationsfeiern, aber die Bürger werden mehr und mehr zu ihrem Träger.[12]

Auch zu der Feier des Augsburgischen Bekenntnisses vom 25. bis 27. Juni 1730 hat sich neben der Gottesdienstordnung auch die Festansprache des Magistrats an die Bürgerschaft erhalten.[13] Sie zeigt, dass die Legitimierung des eigenen Glaubens gegenüber den Katholiken immer noch für notwendig erachtet wird. So verweist der Redner auf katholische Autoren wie eines gewissen Johannes

Oben: Medaille zur 300-Jahrfeier des Augsburger Bekenntnisses, 25. Juni 1830, Zinn. Vorderseite: JOHANNES CHURFÜRST VON SACHSEN u.: 28. ARTIKEL STEHEN FEST D: 25. JUNI 1830 Rückseite: DIES IST EIN SOLCH BEKENNTNISS, WELCHES MIT DER HÜLFE GOTTES AUCH WIEDER DIE HÖLLEN PFORTEN BESTEHEN KANN. NLM Luckau VG 942/62. Unten: Gedenktaler zum 100jährigen Confessio Augustana-Jubiläum vom 25. Juni 1530, 1630, Silber. Vorderseite: CONFESS. LUTHER:AUG:EXHIBITAE.SECULUM 1630 25. JUNY u.: JOH: GEORG; Rückseite: NOMEN DOMINI TURRIS FORTISSIMA 1530 25. JUNY u.: IONNES, NLM Luckau VG 689/62

Tachnerius, der im Jahr 1573 die Reformation als vorübergehende Erscheinung gesehen habe, die sich binnen weniger Jahre überleben werde.[14] Bewusst wird also ein Fehlurteil der katholischen Partei als Beleg für die Richtigkeit des eigenen Glaubens herangezogen. Der Festredner hält Tachnerius den Bibelspruch „Gottes Wort bleibt in Ewigkeit"[15] entgegen. Weil man also im Jahr 1730 das Reformationsfest feiert, muss das evangelische Bekenntnis wahr sein und folglich Gottes Wort verkörpern. Daher wird es auch für immer fortbestehen.

Welche Bedeutung Erinnerung und Geschichte im Protestantismus haben,[16] wird auch an den Pastorenbildern deutlich, die angeführt von einem Lutherbildnis einst in der Luckauer Nikolaikirche zu sehen waren. Für den Betrachter stellt sich so eine Kontinuität her, die von der Reformation bis in die Gegenwart reicht. Die Porträts der lutherischen Pfarrer, die nach dem Brand der Nikolaikirche im Jahr 1644 entstehen, sind heute in einem beklagenswerten Zustand und bedürfen einer dringenden Restaurierung.[17]

Das Reformationsgedenken in Brandenburg und Sachsen nach dem Wiener Kongress

Gibt es Mitte des 18. Jahrhunderts auch in Brandenburg eine Gedenkkultur zu den Reformationsjubiläen mit mehrtägigen Kirchenfesten? Auch auf dem brandenburgischen Thron sitzt kein Lutheraner. Denn nachdem sich Kurfürst Joachim II. 1539 zum Luthertum bekennt und die Reformation im Land einführt, vollzieht Johann Sigismund 1613 für das Haus Hohenzollern den Bekenntniswechsel zum Calvinismus. Als Anhänger der reformierten Kirche hat König Friedrich Wilhelm I. kein Interesse an einem großen Fest aus Anlass der lutherischen Reformation von 1517 in seinem eigenen Land, geschweige denn an einer alle protestantischen Länder im Reich einenden Feier. Dies käme einer Provokation des katholischen Kaisers gleich.[18]

Die außenpolitische Rücksichtnahme Brandenburgs deckt sich mit der Haltung Sachsens, das derzeit den Vorsitz im Corpus

Evangelicorum innehat. Nach dem Westfälischen Frieden schlossen sich 1653 die protestantischen Reichsstände zu diesem Gremium zusammen, um über Religionsfragen zu entscheiden. Seit seinem Übertritt zum Katholizismus muss sich August der Starke durch den Herzog Christian von Sachsen-Weißenfels vertreten lassen, was die Position Sachsen im Corpus Evangelicorum schwächt.[19] In dieses Machtvakuum versucht nun Brandenburg vorzudringen, indem es Sachsens Ablehnung einer gemeinsamen Feier zuvorkommt. Bereits am 25. Januar 1717 ordnet Friedrich Wilhelm I. ein nur eintägiges Reformationsgedenken am 31. Oktober für die evangelisch-lutherische – nicht aber für die reformierte – Kirche in seinem Land an. Damit spricht sich der preußische Monarch zugleich öffentlich gegen eine gemeinsame Feier aus, lange bevor das Corpus Evangelicorum am 8. April seine Pläne hierzu begräbt. Selbst dieses so frühzeitig angekündigte Reformationsgedenken wird sehr schlicht gehalten und kann auf einen Tag begrenzt werden, da der Reformationstag in diesem Jahr auf einen Sonntag fällt. Im Anschluss an die Predigt soll daher lediglich ein „gewisses auf dieses Reformations-Fest gerichtetes gebet" gelesen, ansonsten „jedoch kein solennes Fest angestellet werden".[20] De facto gibt es also keine Reformationsfeier in Brandenburg-Preußen im Jahr 1717. Auch das Jubiläum von 1730 wird nur als eintägige Kirchenfeier begangen.[21] 1755 scheitern abermals die Versuche, ein gemeinsames Fest auszurichten. Nicht zuletzt ist mit Friedrich II. von brandenburgischer Seite ein Vertreter ins Corpus Evangelicorum gekommen, der für dieses Thema kaum weniger Begeisterung an den Tag legen könnte.

Zu einer ungewollten Übernahme der sächsischen Feierkultur kommt es ausgerechnet durch die Inbesitznahme weiter Teile des sächsischen Territoriums nach dem Wiener Kongress. Im Vorfeld des Reformationsjubiläums von 1817 muss Friedrich Wilhelm III., Vorsicht walten lassen. Allein schon um die Integrität des neuen Staatsverbandes nicht zu gefährden, ist eine landesweite Feier unumgänglich. Dies deckt sich zudem mit den Plänen Friedrich Wilhelm III., diese Feiern für seine kirchenpolitischen Ziele zu nutzen. Genauer gesagt sollen sie sein Bestreben untermauern, die

Medaille anlässlich der dritten Jubelfeier der Reformation in der Mark Brandenburg,
02. November 1839, Bronze, Medailleur: Christoph Carl Pfeuffer (1801 – 1861), Berlin.
Vorderseite: KURFUERST IOCHIM II 1539. KOENIG FRIEDRICH WILHELM III 1839
u.: sign. C. PFEUFFER FEC. Rückseite: TRINKET ALLE DARAUS MATTH: 26 v. 27
u.: SUCHET IN DER SCHRIFT SIE ISTS DIE VON MIR ZEUGET JOH. 5 v. 39
Mitte: DIE STADT BERLIN ZUM 2. NOV. 1839, NLM Luckau VG 2235/63

lutherische und die reformierte Kirche zur Kirche der Union zu
vereinigen.[22] Darüber hinaus sieht der preußische Monarch das
Jahr 1517 auch als Geburtsjahr für die Reformation in Brandenburg
an. Allerdings befürchtet er, dass weitere Feiern dieses singuläre
Ereignis der Reformation und seine Bedeutung für die Kirchen-
union verdunkeln könnten. Dennoch lässt er die Gedenkkultur

in den ehemals sächsischen Landesteilen unangetastet. 1830 darf das Kirchenvolk in der Niederlausitz und der preußischen Provinz Sachsen wie bereits 1730 das Bekenntnis von Augsburg feiern. Dem Reformationsjubiläum von 1839 steht Friedrich Wilhelm III. lange Zeit skeptisch gegenüber. Schließlich wird dann doch vom 1. bis zum 3. November das 300jährige Jubiläum der Einführung der Reformation unter Joachim II. in der ganzen Mark prunkvoll gefeiert.[23] Den Kirchen in den ehemals sächsischen Landesteilen steht es frei, sich den Feierlichkeiten anzuschließen. Das dritte Confessio-Augustana-Jubiläum wird in Luckau somit zweimal begangen: 1830 für Sachsen und 1839 für Brandenburg.[24]

Wahrscheinlich mahnen den preußischen König bei der Vorbereitung der Gedenktage in 1830 und 1839 Berichte über die Feiern von 1817 in der preußischen Provinz Sachsen zur Zurückhaltung.[25] Dort gibt es in den Predigten und Ansprachen zwar vereinzelte, wenn auch nur vage Andeutungen zu den Ereignissen von 1815, jedoch wird Sachsen immer noch als Vaterland angesprochen, so als gehöre man weiterhin dazu. Als heimliche Loyalitätsbekundung übernimmt eine Reihe von Pastoren die für das sächsische Königreich vorgesehenen Texte anstelle der für Preußen angeordneten. Auch 1830 bleibt im Süden Brandenburgs der Ton der Gedenkfeier (alt-)vaterländisch.[26] Erst die guten „sächsischen Verhältnisse und Persönlichkeiten"[27] hätten der Reformation ihren Durchbruch im Reich geebnet. Das Bewusstsein für die Zusammengehörigkeit geht also zumindest für die preußische Provinz Sachsen nicht verloren. Im Zuge der Reichseinigung wird aus dem sächsischen Luther aber schnell ein deutscher Luther.[28]

Die Reformationsfeiern im 19. Jahrhundert in Brandenburg und Sachsen eint jedoch, dass Luther als historische Figur gefeiert wird, namentlich als Kirchenverbesserer. Hinter dieser Sichtweise verblasst die theologische Botschaft Luthers.[29] Gleichzeitig gewinnen seit der zweiten Hälfte des 18. Jahrhunderts die Konfessionsjubiläen in Sachsen zur Bekundung des eigenen Identitätsgefühls immer breiterer Bevölkerungsschichten an Bedeutung.[30] Für diese neue bürgerliche Lutherrezeption steht auch das Festspiel von 1902 in Luckau.

Lutherfestspiel, Luckau 1902, Gelatinesilberpapier, W. Richter Hoffotograf, Nachf. Sohnle, Lübben, NLM Luckau VZ 2153/62

Das Lutherfest 1902 in Luckau

Das Fin de siècle ist die Blütezeit der Luckauer Laienspielbe-wegung. Gleich mehrere Theatervereine eifern um die Gunst des Publikums.[31] Das Schauspiel „Luther" von Hans Herrig (1845 – 1892) entspricht dabei genau den Bedürfnissen dieser Theaterform. Im Stile eines mittelalterlichen Volksspiels angelegt, dreht sich das Stück um Luthers Erscheinen vor dem Reichstag zu Worms im Jahr 1521, wo er seine Thesen für eine Kirchenreform verteidigt. Die Handlung wird von Chorälen begleitet, wobei der Lutherchoral „Ein feste Burg ist unser Gott" nicht fehlen darf. Hier bietet sich die Gelegenheit, je nach Verfügbarkeit an Sängern, opulent zu inszenieren. So kann, entsprechend ihrer darstellerischen oder musikalischen Talente, eine Vielzahl von Mitwirkenden einbezogen werden.

Das Stück ist 1883 verfasst und zum 400. Geburtstag Luthers in Worms uraufgeführt worden.[32] Obwohl das Werk seitdem zahlreiche Aufführungen und Auflagen erfährt, scheint das Luckauer Inszenierungsjahr nicht ganz zufällig gewählt zu sein. 1902 feiert die Universität Wittenberg ihr 400jähriges Bestehen. Der seitens der Stadt betriebene Aufwand, dieses Schauspiel auf die Bühne zu bringen, überrascht.[33] So muss zunächst die Erlaubnis der in Braunschweig lebenden Witwe des Autors eingeholt werden. Für die Regie gewinnt man Heinrich Frey aus Berlin. Am Aufführungsort, der Ausflugsgaststätte Schlossberg, wird die Bühne für großes Ensemble umgebaut, Schauspieler und Sänger werden zeittypisch eingekleidet und die eine oder andere Requisite gilt es ebenfalls noch anzuschaffen. Doch alle Mühen übertreffen sogar noch die Erwartungen. Nach einer kurzen, aber intensiven, Probenzeit finden bei Kaffee, Kuchen und Bier im Frühjahr 1902 neun bestens besuchte Vorstellungen statt.

Das Luckauer Lutherfest ist mehr als nur Ausdruck bürgerlicher Theaterspielleidenschaft und Sangesfreude. Es steht zugleich in einer Jahrhunderte zurückreichenden Tradition des Reformationsgedenkens. Mit der Inszenierung von Herrigs Volksspiel kommt für die Stadt und ihre Bewohner die Aneignung der protestantischen Erinnerungskultur zu ihrem Abschluss. Herausgelöst aus dem gottesdienstlichen Kontext ist aus dem Reformator Luther für die Luckauer endgültig „ihr Luther" geworden.

Anmerkungen 2. Kapitel

1   http://www.luther2017.de/20371/erinnerung-daran-trinken-wir-reformationsjubilaeen-durch-die-jahrhunderte?contid=24615 [20.01.15].

2   Zu den Anfängen der Stammbuchsitte in Wittenberg vgl. Werner Wilhelm Schnabel. Das Stammbuch. Konstitution und Geschichte einer textsortenbezogenen Sammelform bis ins erste Drittel des 18. Jahrhunderts, Tübingen 2003, S. 244ff. Vgl. zu Stammbüchern auch den Abschnitt Die Liebe zum Vaterland in Kap. III.

3   Annina Ligniez, Das Wittenbergische Zion. Konstruktion von Heilsgeschichte in frühneuzeitlichen Jubelpredigen (= Schriften der Stiftung Luthergedenkstätten in Sachsen-Anhalt, Band 15), Leipzig 2012.

4   Wolfgang Flügel, Konfession und Jubiläum. Zur Institutionalisierung der lutherischen Gedenkkultur in Sachsen 1617 – 1830 (= Schriften zur sächsischen Geschichte und Volkskunde, Band 14), Leipzig 2005, S. 84.

5   Flügel, S. 123.

6   Ebd.

7   Flügel, S. 124.

8   Flügel, S. 126.

9   Flügel, S. 135.

10   Eine ausführliche Beschreibung der Feierlichkeiten, nebst Kantatentexte und Redemanuskripten, findet sich in BLHA, Rep. 8 Stadt Luckau Nr. 1232 und Nr. 1231.

11   Als Druck enthalten in BLHA, Rep. 8 Stadt Luckau Nr. 1231, fol.10ff.

12   Vgl. hierzu Flügel, S. 269.

13   BLHA, Rep. 8 Stadt Luckau Nr. 1233.

14   Bezug genommen wird auf sein in diesem Jahr in Köln erschienenes „Opus physiognomicum". Ebd., fol. 37.

15   Vgl. in des Alten Bundes Schriften Jesaja 40,8 und im Neuen Testament 1. Petrus 1,25a.

16   Klaus Tanner (Hg.), Konstruktion von Geschichte. Jubelrede – Predigt – protestantische Historiographie (= Leucorea-Studien zur Geschichte der Reformation und der Lutherischen Orthodoxie, Band 18), Leipzig 2012.

17   Das Niederlausitz-Museum hofft dies gemeinsam mit der Nikolaikirche in den kommenden Jahren in Angriff zu nehmen und möchte hierzu das bevorstehende Reformationsfest 2017 nutzen, um auf dieses Stück vom Verfall bedrohter lutherischer Identität hinzuweisen.

18   Flügel, S. 140

19   Flügel, S. 139. Zur preußisch-sächsischen Kontroverse vgl. auch Jürgen Luh, Kampf ums Direktorium. Preußen, Sachsen und die Führung des Corpus Evangelicorum, in: Frank Göse u.a. (Hg.), Preußen und Sachsen. Szenen einer Nachbarschaft, Dresden 2014, S. 170-175.

20   Flügel, S. 140, Anm. 9.

21   Ebd.

22   Matthias A. Deuschle, Vergegenwärtigung der brandenburgischen
      Reformation im 19. Jahrhundert, in: Jahrbuch für Berlin-brandenbur-
      gische Kirchengeschichte, Band 69 (2013), S. 181-204, hier S. 183.
23   Deuschle, S. 187.
24   Luckauer Kreis-Wochenblatt Nr. 43, S. 344; Nr. 44. In der Niederlau-
      sitz scheinen die Reformationsfeiern weniger emotional aufgeladen zu
      sein, was wiederum weniger schriftliche Niederschläge produzierte.
      So jedenfalls mein erster Eindruck nach Durchsicht des Findbuchs
      zum Niederlausitzischen Konsistorium im BLHA.
25   Markus Hein, Lutherrezeption in den Predigten und Ansprachen
      bei den Reformationsfeierlichkeiten in Sachsen im 19. Jahrhundert,
      in: Stefan Laube/Karl-Heinz Fix (Hg.) Lutherinszenierung und
      Reformationserinnerung, Leipzig 2002, S. 145-161, hier S. 147.
26   Hein, S. 149
27   Ebd.
28   Hein, S. 161.
29   Hein, S. 147.
30   Flügel, S. 270.
31   Vgl. hierzu den Abschnitt Erinnern und Bewahren in Kap. IV.
32   http://www.deutsche-biographie.de/ppn116745738.html?anchor=adb
      [10.01.2015].
33   Detailliert nachzulesen in BLHA, Rep. 8 Stadt Luckau Nr. 1215.

3. Die Niederlausitz in Brandenburg

Die Niederlage Sachsens in den napoleonischen Kriegen bringt die Abtretung der Niederlausitz an Preußen mit sich. Wo altes Brauchtum verloren geht, ist es nicht allein dem Wechsel zu Preußen zuzuschreiben. Oft fällt es Rationalisierungsprozessen zum Opfer, die den Übergang zur Moderne begleiten. Überdies sind die Auswirkungen auf den Alltag eher gering.[1] Erst in Krisenzeiten kommt die Fremdheit zwischen Landesherrschaft und Bevölkerung zum Vorschein. Weil der preußische Staat die politische Mitbestimmung des Bürgertums klein halten will, bleibt den Menschen meist nur der Rückzug ins Private.

Von den napoleonischen Kriegen bis zum Wiener Kongress

Im Jahr 1806 verbündet sich Sachsen mit Preußen gegen Napoleon Bonaparte.[2] In der Schlacht von Jena und Auerstedt am 14. Oktober unterliegen 180.000 preußische und 22.000 sächsische Soldaten der 195.000 Mann starken französischen Armee. Sachsen und Preußen werden besetzt und von Napoleon zu hohen Kontributionszahlungen verpflichtet. Im Dezember 1806 geht Sachsen im Frieden von Posen ein Bündnis mit Frankreich ein, wird als Dank zum Königreich erhoben und kämpft nun an der Seite Napoleons.

Die Zeit der napoleonischen Kriege spiegelt sich auch im Gottesdienst wieder. Dem Dankfest auf den Frieden mit Frankreich 1807 folgt 1809 ein sonntägliches Gebet für ein rasches Ende der wieder aufgeflammten Kämpfe. Auch Napoleons Kriegsrhetorik schreibt sich in die Liturgie ein. Ganz im Sinne des selbsternannten Kaisers der Franzosen, der sich anschickt, Europa neu zu ordnen, beten die Gläubigen seit 1807 in der Fürbitte: „segne alle Regenten und Länder, insonderheit die hohen Verbündeten Mächte, und die von Ihnen für die Befreiung Teutschlands vom Joche der Tyrannei und Irreligiosität ergriffenen Waffen; segne den König Friedrich August und sein ganzes Haus."[3] Das Verdikt, ein Tyrann zu sein, sollte später auf Napoleon zurückfallen.

Im Jahr 1813 wird Sachsen wiederholt zum Kriegsschauplatz. Am 4. Juni kommt es vor den Toren Luckaus zum Aufeinandertreffen des preußischen Heeres mit der französischen Armee. Wenige Tage später entsteht dieser Bericht, der die Zerstörungen durch Granatbeschuss und Brände beschreibt:

„An diesen Tage, Vormittags nach 10. Uhr, als die Franzosen sich der Calauer Vorstadt von Luckau näherten wo ein sehr hitziges Gefecht mit den Königl. Preuß. Truppen und den Franzosen vorfiel [...] Das kleine Gewehr, Kanonen, und Haubitzen Feuer war so hefftig, daß in einen sehr schnellen Augenblick die Vorstadt, nebst alle Scheunen, und ein Theil der Stadt in einen Aschenhaufen verwandelt wurden."[4]

Zwar endet das Gefecht für Preußen siegreich, doch ziehen sich die französischen Soldaten erst im August endgültig aus Luckau zurück.[5] Nach dem Abzug der Franzosen befestigt die preußische Armee Luckau, so dass die Stadt als Ausrüstungsdepot dienen kann. Mehr als 900 Soldaten sowie Handwerker und andere Arbeiter aus Luckau sind vom 13. bis 19. September damit beschäftigt, Holzpalisaden zu errichten und drei, der Stadt vorgelagerte, Schanzen anzulegen. Für die durch das Gefecht vom 4. Juni und den Bau der Verteidigungsanlagen erlittenen Schäden erhalten die Betroffenen ab 1817 finanzielle Hilfen durch den preußischen Staat.[6] An das Kriegsjahr 1813 erinnert heute noch eine Eiche auf der Sandoer Feldflur. Der Gartengutsbesitzer Ruben pflanzt sie für seinen am 14. Juli 1813 geborenen Sohn Gottlieb auf das familieneigene Ackerstück in Sando bei Luckau. Im Jahr 1971 übersteht der Baum einen Blitzschlag. Seit sächsischer Zeit ist die Familie Ruben / Haberland hier ansässig.[7]

Dem Luckauer Fortifikationswerk bleibt seine Bewährungsprobe erspart. Mit der „Völkerschlacht" bei Leipzig vom 16. bis 19. Oktober 1813 ist das Schicksal Sachsens als Alliierter Napoleons besiegelt. Der Waffengang endet für beide in einer Niederlage. Der sächsische König wird gefangen genommen und Sachsen dem

Grabplatte für Gottlob Ruben (1813 – 1911), Schwarzglas poliert, geätzt, NLM Luckau VK 8438/14; Sockel aus Sandstein, privat, Luckau

Generalgouvernement des russischen Fürsten Repnin-Wolonski unterstellt. Während bereits in Wien über eine europäische Friedensordnung verhandelt wird, gehen die Kämpfe Preußens und seiner Verbündeter gegen Frankreich weiter. Erst die Schlacht bei Waterloo / Belle Alliance vom 18. Juni 1815 bringt den endgültigen Sieg über Napoleon.

„Mer hahn en neue Oberkeet"[8] – Die Niederlausitz und ihr neuer Landesherr

Als Verbündeter des besiegten Frankreichs muss Sachsen im Mai 1815 auf dem „Wiener Kongress" fast den gesamten Norden seines Territoriums an Preußen abtreten, darunter die Niederlausitz und Teile der Oberlausitz, nun Herzogtum Sachsen genannt. Sachsen verliert dabei die Hälfte seiner Bevölkerung.[9] Von den Verhandlungsergebnissen des Wiener Kongresses erfahren die Menschen in der Niederlausitz auch aus der Kirche, die am Publikmachen des zwischen Sachsen und Preußen geschlossenen Friedensvertrages mitwirkt.[10] Dieser Vertrag umfasst 25 Artikel, der zweite Artikel regelt den exakten Grenzverlauf. Die gravierendsten Veränderungen geben die Könige Friedrich Wilhelm III. und Friedrich August I. in Aufrufen bekannt.

Der preußische Regent versucht seinen neuen Untertanen die Befürchtungen vor der ungewissen Zukunft zu nehmen, indem er die Gemeinsamkeiten zwischen der Mark Brandenburg und den von Sachsen abgetrennten Gebieten betont: Ihr geht „jetzt zu einem anderen [Fürstenhause] über, dem Ihr durch die befreundenden Bande der Nachbarschaft, der Sprache, der Sitten, der Religion verwandt seyd."[11] Die „Vereinigung", also die Angliederung an Preußen, sei ein Ergebnis des für das Gemeinwohl und den Selbsterhalt wichtigen Kampfes gegen Napoleon, versucht Friedrich Wilhelm III. weiter zu trösten. Bezeichnend ist, dass er den Patriotismus beschwört, um den Trennungsschmerz zu lindern: „Nur Deutschland hat gewonnen, was Preußen erworben." Letztlich profitieren die Untertanen in den ehemals sächsischen Gebieten von der Vereinigung, da sie einen Aufschwung des Gewerbes mit sich bringe. Gute Gesetze, eine effiziente Verwaltung und Justiz, die Pflege von Kunst und Wissenschaft gehören zu den weiteren Segnungen, die der Monarch seinen neuen Untertanen verspricht. Zu guter Letzt sollen ihre Leistungen auch nicht vergessen sein, denn „in den Jahrbüchern des preußischen Ruhms, brave Sachsen, wird die Geschichte auch Euren Namen verzeichnen." Inniger ist dagegen die Ansprache von Friedrich August I. gehalten, mit der der sächsische König die Bewohner des Herzogtums Sachsen von ihrem Untertaneneid entbindet: „Ich soll von Euch scheiden, und das Band muß getrennt werden, das durch eure treue Anhängigkeit Mir und Meinem Hause so teuer war."[12]

Die Herrschaft gilt es nun durch Taten zu festigen. Für die ehemals sächsischen Landesteile lässt Friedrich Wilhelm III. daher einen Huldigungsgottesdienst „zur segenvollesten Verbindung zwischen der höchsten Landesherrschaft und Ihren Unterthanen"[13] am Donnerstag den dritten August um acht Uhr vormittags anberaumen. Der Ablauf des Gottesdienstes ist genau festgelegt – die Bibelstellen für Schriftlesung und die Predigt ebenso wie fast alle Lieder. Hier darf die Gemeinde nur eines nach der Predigt frei wählen. Damit die Feier einen würdigen Rahmen erhält, existieren auch für die Ausführung des Gottesdienstes Vorgaben: „Wo es seyn kann, ist der Gesang mit musikalischen Instrumenten, jeden Orts aber, das Herr Gott, dich loben wir mit Geläut aller Glocken zu begleiten." Ein eigens für dieses Ereignis verfasster Text ersetzt das gewöhnliche Kirchengebet. Darin wird noch einmal der preußische Sieg über Napoleon als heilsbringend beschworen:

„Es war deine Vorhersehung, die die Provinzen, deren Bewohner wir sind, einem Könige zu regieren übergab, den alle Bewohner Seiner Staaten mit warmen Herzensgefühlen verehren und lieben, dem auch wir unsere Befreyung von dem Joche fremder Unterdrücker zum guten Theile verdanken."

Das Gebet endet im patriotischem Überschwange mit den Worten: „und so blühe zum neuen und schönen und beständigen Flore der Staat, dem wir angehören, unser geliebtes Vaterland, auf!"

Wie wird der neue Regent in der Niederlausitz wahrgenommen? Der Landesälteste des Luckauer Kreises und spätere preußische Landrat Christian Wilhelm von Thermo (1757 – 1839) schildert seine Begegnung mit dem preußischen König Friedrich Wilhelm III. am 26. Oktober 1815 so: „Wir wurden durch eine von dem Fürsten Wittgenstein gesendete Karte, auf Befehl des Königs eingeladen Heute abend um 8 Uhr zum Ball auf dem Schloße uns ein zu finden; und der König soll auf die Anzeige gesagt haben: ‚Es sind nun meine Unterthanen die brauchen mir nicht präsentiret zu werden, man soll sie aber zu allen Festen, die ich jetzo gebe, einladen'".[14]

Auf den ersten Blick beschreibt von Thermo Friedrich Wilhelm III. als offenherzigen und ungekünstelten Monarchen. Doch hält von Thermo in seinem Tagebuch auch die Ernüchterung fest, die diese Begegnung nicht nur bei ihm, sondern wohl bei der gesamten niederlausitzischen Delegation ausgelöst hat. Auf dem Ball zeigt der preußische König kein persönliches Interesse für die Regierungsvertreter aus der Niederlausitz und weiß auch nicht, wer ihm gegenübersteht. So geht der König zur Begrüßung auf einen großen Mann in Uniform zu, der jedoch, anders als seine Begleiter, kein politisches Amt bekleidet, und richtet folgende Worte an ihn, während von Thermo und seine Kollegen danebenstehen:

„Aus dem gantzen Herzogthum Sachsen sind sie hierher gekommen? Ich wünsche daß es ihm gefallen mag, die Trennung wird ihm schmerzlich seyn, allein das Schicksal hat es so gewollt, wenn sie so treu seyn als meine Unterthanen, so werde ich ihn beschützen, es ist hier nicht Sitte, daß solche Deputationes ankommen, allein ich glaube sie meinen es gut, und da danke ich ihm."

Die Liebe zum Vaterland

Wie sehr Familien aus der Niederlausitz in ein sächsisches Beziehungsnetzwerk eingebunden sind und auch noch nach dem Wechsel zu Preußen eingebunden bleiben, wird beispielsweise an Stammbüchern ersichtlich. Im späten 18. Jahrhundert sind es längst nicht mehr nur Studenten, die solche Alben führen. Die Stammbuchsitte hat damals bereits weite Kreise des Bürgertums erfasst und auch Frauen sammeln mit Begeisterung Einträge ihrer Verwandten und Freunde.[15] Das Niederlausitz-Museum besitzt mehrere Alben Luckauer Bürger aus dem 18. und 19. Jahrhundert. Ein besonders prächtiges Exemplar ist das Album des Luckauer Kaufmanns Johann Georg Vogt, das 1782 begonnen wird. Vogt lässt es mit etlichen Schmuckseiten verzieren, die in Aquarelltechnik eine bürgerliche Gesellschaft beim Kegelspiel oder Picknick im Freien zeigen. Die Einträge von Vogts Familienangehörigen aus Greiz und Naumburg lassen den Schluss zu, dass er aus einer der beiden Städte stammt und erst später nach Luckau zieht. 1791 kommt hier sein Sohn Peter (1791 – 1867) zur Welt und am 24. Februar 1793 schreibt der Luckauer Kantor Christian August Krieg in dieses Buch ein.

Auch im Kulturbereich sind sächsische Kontakte am Wirken. Zwar verfassen die Kantoren keine eigenen Kantaten mehr, doch leiten sie in der Nikolaikirche regelmäßig Aufführungen großer Chorwerke. Diese Darbietungen fördern das Singen und Musizieren in der Stadt. Ein außergewöhnliches Konzertereignis erwartet die Luckauer am 10. September 1824. Auf dem Programm steht das Oratorium „Das Weltgericht". Der Komponist und Dessauer Kapellmeister Friedrich Schneider (1786 – 1853), der sein Werk selbst dirigiert, bekommt neben den Sängerinnen und den Gymnasiasten aus Luckau für den Chor noch Unterstützung aus Dessau, Leipzig, Lübben und Torgau.[16] So wird das „Weltgericht" in der Luckauer Stadtkirche mit 126 Laiensängern aufgeführt. Auch die Solisten, Musiker und der Korrepetitor kommen entweder aus Sachsen oder den ehemals sächsischen Landesteilen.

Das Werk ist damals wegen seines im Geiste des Liberalismus verfassten Librettos von Johann August Apel (1771 – 1816) und der starken Präsenz des Chores äußerst populär – es atmet bereits Ideale des „Vormärzes".[17] Nach der Vorstellung findet ein Festbankett statt, auf dem der Dichter Ernst Christoph Freiherr von Houwald (1778 – 1845) mit eigens für diesen Anlass verfassten Versen Schneider und Apel preist.[18]

Hat sich im Weltgericht bereits ein selbstbewusstes Bürgertum als Träger der Handlung artikuliert, werden die Forderungen nach politischer Mitbestimmung im Jahr 1848 auch in der Niederlausitz lauter. Ein Beispiel für die Unzufriedenheit mit dem von Berlin vorgegebenen Kurs sind die Schützengilden. In Luckau können die Schützen auf eine lange Tradition zurückblicken. 1569 schließen sie sich zu einer Gesellschaft zusammen. Unter großer Anteilnahme der Bürgerschaft veranstalten die Schützen jährlich einen Wettkampf, das Königsschießen, um aus ihrer Mitte den Treffsichersten zu ermitteln. Ihr Ansehen verdanken die Schützen ihrer Verteidigungsfunktion für Leib und Eigentum der Luckauer, die sie vor allem in Krisenzeiten im Auftrag des Magistrats ausüben. Als

Denkmahl der Freundschaft und Liebe J.G.V. 1782. Leder, Papier Goldverschnitt; Gouache Aquarell, Radierung. Eintragungen: Cöthen, Meißen, Naumburg, Zeitz, Zerbsdorf, Mölßen, Nebra, Leipzig, Querfurt, Nostitz, Glauchau, Neustadt b. Stolpen, Burgscheidung, Greiz, Grüntzig, Wittenberg, Luckau, Erfurt, Bautzen, NLM Luckau VS 1487/62

Freundschaftsalbum, 1786, Pappe, Seide,
Papier; Tinte, Gouache, Aquarell.
Bez.: CSEK 1786 Stempel: Wilhelm Richter
Damen-Friseur-Herren, Luckau,
NLM Luckau VS 1109/62

Tambourmajor, Luckau 1932, Holz gedrechselt; Messing, Blei, Gravur: „Gestiftet von der Stadt Luckau 1932", NLM Luckau VF 535/62-2

es vom März 1848 an vielerorts in Preußen zu Unruhen zwischen Befürwortern eines Parlamentarismus und Anhängern einer absoluten Monarchie kommt und Aufrufe zur Steuerverweigerung in Luckau Verbreitung finden,[19] positionieren sich auch die Schützen. Preußens Vorgehen gegen die Nationalversammlung in Frankfurt am Main wird als illegitim empfunden. Im Jahr 1853 will der preußische Staat diejenigen unter ihnen ehren, die sich königstreu verhalten haben und die Aufstände niederschlagen halfen. Im Luckauer Kreis sucht man vergebens nach Preisträgern. Behutsam teilt der Landrat der königlichen Regierung mit: „Die Gesinnung der Schützen gegen das Oberhaupt ist nicht die trefflichste gewesen und es hat ihnen nur an passender Gelegenheit gemangelt, ihren unlauteren Prinzipien gemäß aufzutreten."[20]

Im Kreise der Familie

Wie sich in der preußischen Niederlausitz die Traditionen um Hochzeit und Taufe verändern, soll nun betrachtet werden. Zu Beginn des 19. Jahrhunderts werden die Spinte-Abende, wo sich die Frauen zu Handarbeiten zusammenfinden, noch alljährlich von den Mädchen auf dem Lande herbeigesehnt. Von St. Burkhard (11. Oktober) bis Lichtmess (2. Februar) ist die Zeit für Spiele, Geschichten, Lieder und für ein Kennenlernen der Dorfburschen, die ab- und zu vorbeischauen. Hauptzweck dieser Geselligkeit ist aber das Anfertigen des Brautkleides und der Aussteuer. So soll die Braut das leinene Hochzeitshemd weben, spinnen und nähen – in manchen Regionen auch reich besticken. Nach der Hochzeit wird es als Totenhemd aufbewahrt.[21]

Das Aussehen der Hochzeitsgewänder bestimmen bis um 1850 Kleiderordnungen. Das Brautkleid ist dunkel gehalten – weiß ist die Farbe der Trauer. Ihre gesellschaftliche Stellung zeigen die Brautleute durch die Wahl der Stoffe, Verzierungen, Spitzen und Besätze. Seit etwa Mitte des 19. Jahrhundert trägt der Bräutigam einen schwarzen Frack mit angestecktem Myrtensträußchen, eine weiße Halsbinde, Glacéhandschuhe und Zylinder. Auf dem Lande

Diese Tasse gehörte wahrscheinlich der Familie des aus Freiberg in Sachsen stammenden Luckauer
Landrates Kurt Freiherr von Manteuffel (1866 – 1926). Porzellanmanufaktur Meißen, Tasse zum
50. Regierungs-Jubiläum, 15. September 1818. König Friedrich August I. (1750 – 1827).
Porzellan / Biskuitporzellan, Goldringe, Reliefporträt in goldumrandetem Oval auf blauem Grund,
NLM Luckau VA 10/62

besitzt bis weit ins 20. Jahrhundert hinein der Mann in seinem
Leben meist nur zwei Anzüge: den einfachen und den Hochzeits-
anzug. Als im 19. Jahrhundert Textilien aus industrieller Produktion
immer erschwinglicher werden, bedeutet dies nicht nur das Ende
der Spinnstuben, sondern auch das der regionalen Hochzeitstrachten.
Im späten 19. Jahrhundert kommt in der Gegend um Luckau das
schwarze Hochzeitskleid in Mode. Es hält sich in manchen Dörfern
noch bis nach 1945, weil das kostbare Gewand gern an Kinder und
Enkelkinder weitergegeben wird.[22]

Das Tragen von Brautkranz und Krone aus Rosmarin ist etwa
durch die Kleiderordnung aus der Herrschaft Sonnewalde um 1750
für die Luckauer Gegend bezeugt. Rosmarin symbolisiert Liebe und

Brautschmuck, Kasel-Golzig 1906, Künstl. Buchsbaum, Papier bronziert, Glas, Holz,
NLM Luckau VJ 6100/95

Hochzeit in Kasel-Golzig, 1906, Gelatinesilberpapier, NLM Luckau VZ 7296/ 99

Hochzeitsringe, Gold, Gravur 6. Sept.1832, NLM Luckau VH 8437/14

Treue. Im Volksglauben vertreibt er Hexen. Dieser Brauch bleibt auch über die Mitte des 19. Jahrhunderts hinweg erhalten, als die Kleiderordnungen ihre Prägekraft auf die Hochzeitsgewänder der Brautleute eingebüßt haben. Fester Bestandteil des Hochzeitsbrauches ist der Tausch der Handschuhe vor dem Altar. Er gilt als Anerkennung der christlichen Gebote und des künftigen Ehe- und Familienlebens. Reicht die Braut dem Bräutigam ihren Handschuh, so schenkt sie ihm das Symbol der Liebe. Erwidert er die Gabe, so ist sein Handschuh die Bekräftigung des Vertrages. Die hier abgebildeten Ringe gehören zu einem Familienvermächtnis. Mit ihnen geben sich 1832 der Tuchmacher und Luckauer Gewandschneider Johann Gottfried Deckert aus der Calauer Vorstadt und Johanna Christiane Rietze, eine Luckauer Hutmacherstochter, das Ja-Wort. Als Hochzeitsringe werden sie an die nächste Generation weitergereicht, letztmalig 1939. Als Eheringe werden sie bis 2009 getragen.

Die Taufe als Zeichen der Zugehörigkeit zum Christentum gehört neben dem Abendmahl zu den beiden Sakramenten der evangelischen Kirche. Um zu verhindern, dass das Neugeborene ungetauft stirbt und somit nicht das ewige Leben erhält, wird die Taufe bis weit ins 18. Jahrhundert hinein wenige Tage nach der Geburt begangen. In den Kreisen der Bauern und Bürger wird das Kind für gewöhnlich vom Vater und den Paten zur Kirche gebracht. Die Paten sollen den Täufling auf seinem Weg zu einem gläubigen und gottesfürchtigen Menschen begleiten. Ihre Verantwortung für die religiöse Erziehung des Kindes bekunden die Paten durch Taufbriefe, die sie ihrem Patenkind zur Taufe schenken. Die Mutter soll sich nach der Geburt im Wochenbett erholen. Sie ist bei der Taufe nicht dabei.

Das Vorbild für die Schwangere bleibt auch nach der Reformation in der Niederlausitz die Gottesmutter Maria, die, obwohl sie nach christlichem Verständnis ohne Sünde war und also auch ihre Reinheit bewahrt hatte, dennoch dem jüdischen Brauch folgend erst einige Zeit nach ihrer Niederkunft wieder zum Tempel ging. So kann das Fest Mariä Reinigung, auch Mariä Lichtmess genannt, das an eben diese Wiederaufnahme Mariens in die Glaubensgemeinschaft erinnern soll, in der Niederlausitz seine Bedeutung beibehalten.[23] Die Frau soll also

Die Paten überreichen dem Täufling zur Taufe ein Brieflein mit Bibelsprüchen. Es gibt sie auch
fertig gedruckt, so dass nur noch Namen, Ort und Datum eingetragen werden müssen.
Links: Taufbrief, Saßleben 1790, Autograf, Papier, Tinte, Aquarell, NLM Luckau VS 1110/62

dem Beispiel Mariens folgend sich schonen und deshalb nicht zur Kirche gehen.[24] Dem ersten Kirchgang der Wöchnerin verleiht der Kantor der Gemeinde einen feierlichen Charakter. Er singt für sie das Tauflied „Christ, unser Herr zum Jordan kam" und darf hierfür zwei Groschen verlangen.[25] Mit Rückgang der Säuglingssterblichkeit vergrößern die Eltern den Abstand zwischen Geburt und Taufe[26] oder lassen die Zeremonie mehr und mehr zu Hause vornehmen.[27] Das christliche Ritual wird so zu einem Familienfest, an dem auch die Kindsmutter teilhat.

Anmerkungen 3. Kapitel

1 Vgl. hierzu die Beiträge von Ralf Pröve, Lutz Vogel und Vinzenz Czech, in: Szenen einer Nachbarschaft.

2 Zu den napoleonischen Kriegen siehe zuletzt den Sammelband von Uwe Niedersen (Hg.), Sachsen, Preußen und Napoleon. Europa in der Zeit von 1806 – 1815, Torgau 2013.

3 BLHA, Rep. 40C Niederlausitzisches Konsistorium Nr. 154. Diese Passage im Kirchengebet ist nach der verlorenen Völkerschlacht politisch nicht mehr opportun. Sie wird wegen des noch offenen Schicksals Sachsens am 05.11.1814 in ein schlichtes „segne die höchste Landesherrschaft" abgeändert. Die Gottesdienstordnung des Dankfestes von 1807 findet sich als Druck in Nr. 162.

4 Brandbrief des Drechslergewerks an die Innung in Jüterbog, Luckau 15.06.1813, NLM Luckau VS 2766/ 77.

5 Noch am 27.08.1813 befinden sich 152 Soldaten im Lazarett der französischen Armee in Luckau. Geheimes Staatsarchiv Preußischer Kulturbesitz (GStA PK), IV. HA. Rep. 15A Nr. 411, fol. 9. Vgl. dieselbe Akte zur Fortifikation Luckaus sowie zu den Vorbereitungen GStA PK, I. HA Rep. 91A Nr. 189, fol. 1f.

6 GStA PK, I. HA Rep. 151 Finanzministerium IC Nr. 11386.

7 Für den Hinweis auf die Eiche ist den Ur-Urenkeln Elfriede und Kurt Haberland zu danken.

8 So der Titel der „Bauernkantate" von Johann Sebastian Bach (1685 – 1750), BWV 212.

9 Winfried Müller, Die sächsische Frage auf dem Wiener Kongress 1814/15: Die Teilung des Königreiches Sachsen, in: Niedersen, Sachsen, S. 512-516.

10 So findet sich der „Friedens – Tractat zwischen Ihro Königl. Majestaet von Sachsen ec. und Ihro Königl. Majestaet von Preußen ec. abge-schlossen und unterzeichnet zu Wien den 18, und ratificirt am 21. May 1815" in BLHA, Rep. 40C Niederlausitzisches Konsistorium Nr. 127, 21.05.1815.

11 BLHA, Rep. 40C Niederlausitzisches Konsistorium Nr. 127, Friedrich Wilhelm von Preußen, An die Einwohner des preußischen Sachsen, 22.05.1815.

12 BLHA, Rep. 40C Niederlausitzisches Konsistorium Nr. 127. Friedrich August von Sachsen, An die Bewohner des abgetretenen Theils des Königreichs Sachsen, 22.05.1815.

13 BLHA, Rep. 40C Niederlausitzisches Konsistorium Nr. 165, 03.08.1815.

14 Götz Frh. v. Houwald, Von Zieckau nach Berlin im Jahre 1815: Reisenotizen von Christian Wilhelm von Thermo, in: Luckauer Heimatkalender 2002, S. 87-91. Für dieses und das darauffolgende Zitat siehe S. 89.

15 Vgl. Silke Kamp (Hg.), „So oft der Morgen uns erscheinet". Das Album der Sophia Nürnbach, Potsdam 2011.

16   Vetter, Chronik, S. 216.

17   http://de.wikipedia.org/wiki/Das_Weltgericht_%28Friedrich_Schneider%29 [16.12.2015].

18   Ernst Christoph Freiherr von Houwald (1778 – 1845) Toast auf Friedrich Schneider (1786 – 1853) und Johann August Apel (1771 – 1816), Luckau 09.09.1824. Autograf, Papier; Tinte NLM Luckau VS 1505/62. Helga Tuček, Zum 225. Geburtstag von Christoph Ernst Frh. von Houwald, in: Luckauer Heimatkalender 2003, S. 9.

19   Dies ergibt sich daraus, dass sie zum Teil in Luckau nachgedruckt werden. BLHA, Rep. 6B Kreisverwaltung Luckau Nr. 174, fol. 41, 44, 45.

20   BLHA, Rep. 6B Kreisverwaltung Luckau Nr. 172, fol. 37v.

21   Sigrid und Wolfgang Jacobeit, Illustrierte Alltags- und Sozialgeschichte Deutschlands 1900 – 1945, Münster 1995, S. 301; Albrecht Lange, Die Tracht der Sorben um Muskau, in: Sorbische Volkstrachten 5. Band, Heft 4, Bautzen 1978, S. 23f. Paul Christian Kirchner, Jüdisches Ceremoniell. Beschreibung jüdischer Feste und Gebräuche, Nürnberg 1734/ Reprint Leipzig 2001, S. 181.

22   Lothar Binger/Susann Hellemann, Brandenburger Bräute. Frauenschicksale und Hochzeitstraditionen in der Mark, Kleinmachnow 2012, S. 148ff.

23   Siehe hierzu auch die Ausführungen zum Klemmkuchenbacken in Kapitel IV.

24   Bridget Heal, The cult of the Virgin Mary in early Modern Germany. Protestant and catholic piety, 1500 – 1648, Cambridge 2007.

25   Um sich dieser Ausgabe zu entledigen, verlegen mehr und mehr Frauen in Luckau ihren ersten Kirchgang nach dem Wochenbett auf einen Sonntag, worüber der Kantor Johann Gottlieb Graser 1797 klagt. BLHA, Rep. 40C Niederlausitzisches Konsistorium Nr. 1465, fol. 2.

26   Vgl. zur Kindersterblichkeit Silke Kamp, Die verspätete Kolonie, Hugenotten in Potsdam 1685 – 1809, Berlin 2011, S. 280f. mit weiteren Literaturangaben. Ein wichtiger Grund für den Rückgang der Sterblichkeit in der Niederlausitz ist sicherlich die verbesserte medizinische Versorgung und die Qualifizierung der Hebammen nach 1768. Vgl. hierzu Sylvia Müller-Pfeifruck, Himmelskinder aus Brandenburg. Vom vorzeitigen Ende der Kindheit 1500 – 1900, Cottbus 2013, S. 35.

27   Die Haustaufen sind den Bürgern und Bauern nur gestattet, wenn das Kindswohl in Gefahr ist. 1791 ist sie jedoch zur Normalität geworden. BLHA, Rep. 40C Niederlausitzisches Konsistorium Nr. 662.

4. Die Niederlausitz – Noch in Sachsen?

Die Industrialisierung führt zu einschneidenden Veränderungen in der Landschaft, da ab Mitte des 19. Jahrhunderts die Braunkohlereviere der Lausitz zur Energiegewinnung erschlossen werden. Den rasanten Fortschritt versuchen die Menschen durch Besinnung auf eigene Werte und Traditionen zu bewältigen. 1866 muss Sachsen nach einer militärischen Niederlage dem von Preußen dominierten „Deutschen Bund" beitreten. Aus ihm geht 1871 das „Deutsche Kaiserreich" hervor. Die Niederlausitzer pflegen ihre alten Bindungen zu Sachsen, das als Bundesland weiter existiert. Ob sie auch im Herzen Sachsen bleiben, wird sich nach 1989 erweisen.

Mit Leib und Seele

Die Identität einer Region teilt sich auch kulinarisch mit. Die Küche der Niederlausitz ist einerseits an die naturräumlichen Gegebenheiten angepasst und ländlich geprägt. So spielt Leinöl eine große Rolle. Andererseits weist sie viele böhmische Einflüsse auf. Am bekanntesten hierfür ist heute die Plinse. In alten Rezepten lassen sich weitere Anleihen aus der böhmischen Küche entdecken. Ein seltener Fund sind Speisezettel wie die aus der an den Kreis Luckau angrenzenden Standesherrschaft Sonnewalde.[1] Für die Mitte des 18. Jahrhunderts zeigen sie uns, was Adel und Dienstpersonal verzehren. Beliebt sind demnach „Vantzel" als Suppeneinlage. Dieses slawische Lehnwort bezeichnet zu Küchlein ausgebratene Innereien. Sie bleiben der Herrschaft ebenso vorbehalten wie mit Pflaumenmus gefüllte „Puchteln" als Nachtisch. Die Speisezettel geben weiterhin preis, dass schon damals das Geflügelgericht Frikassee in der Niederlausitz bekannt ist. Wie der Zettel für den 4. November 1764 belegt, wird die Kartoffel (Erdknöttel) bereits kultiviert. Sie scheint aber

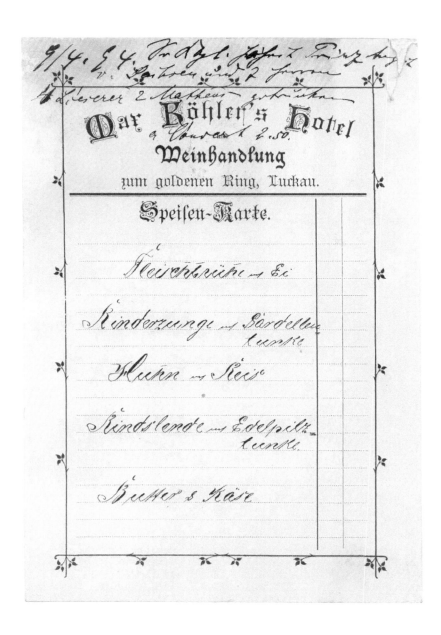

Speisen-Karte Zum Goldenen Ring, Luckau 9. April 1894, Papier; Druck, Tinte, Mit Vermerk: 9.4.1894 Kgl. Hoheit Prinz August von Sachsen u. 7 Herren, NLM Luckau VS 7168/99b

vorerst nur den einfachen Leuten als Nahrungsmittel zu dienen. Der Adel labt sich hier noch an Mehlspeisen als Beilage.

Nicht nur die Wahl der Gerichte, auch die Verwendung von Kräutern und Gewürzen drückt eine soziale Hierarchie aus. Süßlich duftender Zimt verfeinert im Beispiel aus Sonnewalde den Wildschweinbraten der Herrschaft. Seine exklusive Verwendung ist nicht allein Sache des Preises. Kräftige, stark riechende Aromen gehen nach landläufiger Vorstellung mit ungeschliffenen Sitten einher. Kümmel, Knoblauch, Zwiebeln und Meerrettich werden daher mit solchen Wirtshäusern in Verbindung gebracht, wo „sich mehr Creti und Pleti finden ließe" als eine gute Gesellschaft.[2] Freilich wählt der sächsische Kronprinz bei seinem Besuch in Luckau am 9. April 1894 für sich und seine Entourage mit dem „Goldenen Ring" das vornehmste Lokal am Platze aus. Ihm und seinen Begleitern werden Rinderzunge auf Sardellentunke und Huhn mit Reis kredenzt. Gepökeltes Rindfleisch und Meerrettich, Eisbein und Blutwurst füllt hingegen im gleichen Etablissement die Mägen einer unbekannten Tischgesellschaft aus demselben Jahr.[3]

Haben wir auf den Speisezetteln aus Sonnewalde mit Vantzeln und Buchteln bereits Gerichte osteuropäischen Ursprungs ausgemacht, stehen für die traditionellen Klemmkuchen wahrscheinlich flämische Siedler Pate. Als sie im Mittelalter in unsere Region zogen, brachten sie Klemmkucheneisen mit und machten hier das Waffelbacken bekannt.[4] In der Niederlausitz etablieren sich rechteckige Formen. Im 18. und 19. Jahrhundert sind sie klassische Hochzeitsgeschenke. Die zwei Hälften des Eisens symbolisieren die beiden Brautleute. Beim Backen der Waffel kommen die Hälften zusammen und werden eins. Jedes Eisen ist ein Unikat. Deswegen bleiben viele in Familienbesitz. Mit dem Eisen aus Waltersdorf wird bis in die 1970er Jahre gebacken. Für die Zubereitung eignet sich am besten eine gemauerte Feuerstelle, damit das Eisen direkt in die offene Flamme gehalten werden kann. Die so gebackenen Waffeln werden noch heiß aufgerollt. Ursprünglich herzhaft aus Roggenteig mit Speckwürfeln, später süß und mit Sahne gefüllt sind sie traditionelles Gebäck zum Ende der Weihnachtszeit an Mariä Lichtmess. Die im 19. Jahrhundert aufkommenden Kochmaschinen, die als Vorläufer unserer modernen Küchenherde noch mit Holz befeuert werden, tragen dazu bei, dass nur wenige diese Spezialität der Niederlausitz heute noch backen.

Ein weiteres in der Niederlausitz beliebtes Gebäck sind weiße Pfefferkuchen. 1765 kommt es hierüber zum Streit zwischen den Luckauer Bäckern und dem aus Wittenberg stammenden Pfefferküchler Christian Thieme. Die Bäcker fürchten, dass niemand mehr ihre Plätzchen und Kuchen kauft, wenn es nun in ihrer Stadt einen hierauf spezialisierten Zuckerbäcker gibt. Schließlich gelingt es dem Sohn Johann Gottfried Thieme 1777 eine Konzession als Konditor zu erhalten. Er übernimmt das Geschäft seines Vaters, um täglich weiße und braune Pfefferkuchen und anderes süßes Backwerk herzustellen.[5] Ob wir es letztlich Thieme zu verdanken haben, dass weiße Pfefferkuchen lange Zeit nicht nur zu Weihnachten, sondern auch zu Ostern, zur Hochzeit, zum Geburtstag oder zu jedem feierlichen Anlass begehrt sind? Das Niederlausitz-Museum verfügt zwar über eine Sammlung verschiedener Gebäckmodel mit unterschiedlichen christlichen und weltlichen Motiven. Sie stammen aus seiner Zeit und gehörten zuletzt wohl sämtlich der Konditorei Wehle. Ihre Vorbesitzer lassen sich aber nicht lückenlos nachweisen.

Erinnern und Bewahren

Wenden wir uns nun dem kulturellen Erbe aus sächsischer Zeit und seinen Wandlungen in der preußischen Epoche zu. Hierzu gehört ohne Frage das Laienspieltheater. Die ersten öffentlichen Theateraufführungen gehen in Luckau auf Gymnasiasten um 1750 zurück. Mitte des 19. Jahrhunderts ist längst das Bürgertum zum Träger der Laienspielkunst geworden. Mit der Urania (1851 gegründet) und Thalia (1852 gegründet) existieren gleich zwei Theatervereine.[6] Für diese Spielkultur sind die Gastwirte unerlässlich. Sie stellen nicht nur ihr Lokal als Bühne zur Verfügung, sondern engagieren sich, wie Wilhelm Kastner (1863 – 1944), als aktives Mitglied in Theatervereinen. Von 1898 bis 1919 ist Kastner Inhaber

Zwei Pfefferkuchenmodel, beidseitig verwendbar. Für das Model Lamm / Eber ist die Herkunft aus der Konditorei Wehle belegt. NLM VH 1007/62

Klemmkucheneisen, Waltersdorf / Kreis Luckau 1787 Eisen, Gravur: Kursächsisches Wappen 1787 Herz mit Initialen: JSK, NLM Luckau VJ 5505/93

Porträt der Familie Wilhelm Kastner, um 1907, Gelatinesilberpapier. Auf dem Foto ist Kastner mit seiner Frau Selma und seinen beiden Kindern zu sehen. NLM Luckau VZ 5708/93

des Lokals in der Langen Straße 71, das nun zur Spielstätte des 1826 gegründeten Luckauer Theatervereins wird. Da er nicht nur Saal und Bühne seines Lokals zur Verfügung stellt, sondern sich auch als Regisseur engagiert, trägt der Verein zeitweilig den Namen „Kastners Theaterverein“. Das Lutherfest von 1902 ist ein weiteres Beispiel für die lebendige Schauspielszene in Luckau.[7] Heute knüpft der Verein „Theaterloge Luckau“ an die Tradition des Laienspieltheaters an.

Auf eine noch viel ältere Geschichte können die „Noppern“ zurückblicken. Die Noppern vom „Töpperende“ werden 1523 erstmals erwähnt. Ihr Name bedeutet Nachbarn. Sie sind ein Zusammenschluss von Bewohnern der Luckauer Vorstädte zu gegenseitigem Schutz und zur Nachbarschaftshilfe. Darin geht es um beiderseitige Verpflichtungen, um das Bürgerrecht der Vorstadtbewohner und um Regeln des gemeinsamen Umgangs – auch mittels Geldstrafen. Alljährlich zu Fastnacht wird beim Noppernquartal Rechenschaft über Einnahmen und Ausgaben abgelegt, was auch heute noch üblich ist. Zu DDR-Zeiten bietet

Walzenkrug mit Deckel, 1902. Porzellan, Kupfer vergoldet. Inschrift: Dresden 15/5.2 Paul
Weihspflog.Vorstand a./d. Gew.[idmet] m.[einem]/l.[ieben] Henkelbruder Wilhelm Kastner. z.[ur]
fr.[eundlichen] Erg.[Erinnerung] an die Henkelcolonne z. Luckau n/l. Vermutlich erhielt Kastner
diesen Krug von einem Dresdener Kollegen aus dem Berufsverband der Gastwirte. Bereits auf das
Jahr 1873 geht die Gründung des Deutschen Gastwirtsverbandes mit Sitz in Berlin zurück.
NLM Luckau VA 2984/78

Erntefest der Noppern der Calauer Vorstadt, August 1927, Gelatinesilberpapier,
NLM Luckau VZ 5701/93

diese Veranstaltung Gelegenheit, in humoristischen Reden seinem
Unmut über die politische Führung Luft zu verschaffen. Es gibt
solche Bünde z.B. auch in Leipzig und im Rheinland.[8] Obwohl es
sie sicherlich auch in Brandenburg gegeben hat, sind dort Nach-
barschaftsgesellschaften bislang nicht bekannt.

Zu Fastnacht halten nicht nur die Noppern ihre Quartalssitzung
ab. Vor allem auf den Dörfern findet nun das Zempern oder, wie
man in der Gegend um Cottbus sagt, Zampern statt. Das Zempern
„besteht darin, daß mehrere junge Leute verkleidet von Haus zu
Haus, begleitet von einer Masse Menschen, ziehen und um eine
Fastnachtsgabe bitten."[9] Traditionell sind dies Eier und Speck, die
anschließend gemeinsam als Rührei verspeist werden. Wer den
Heischenden eine Gabe verweigert, auf dessen Hof werden Frost
und Kälte noch lange anhalten. Trotz polizeilicher Bestrebungen
Mitte des 19. Jahrhunderts, diesem feuchtfröhlichen Treiben, das
oftmals Anlass zu Ausschweifungen gibt, ein Ende zu setzen, lebt
dieser Brauch fort. Bis in die 30erJahre des vorigen Jahrhunderts
können sich in der Niederlausitz eine Reihe von Figuren wie

Zempern in Zaacko 2009

Erbsbär oder Schwarzmacher erhalten, die bei den Umzügen den Winter symbolisch austreiben.[10] Manche dieser volkstümlichen Kostüme sind heute noch beim Zempern vertreten. Etwa die den Winter verkörpernde alte Frau, die auf dem Foto rechts zum Tanz aufgefordert wird.

Zum Brauchtum der Niederlausitz gehören auch Reiterspiele wie das Stollenreiten. Namensgeberin dieses Wettreitens ist die Stolle, die eine holde Maid dem Sieger backt und überreicht. Ursprünglich ist dieses Reiterspiel im westlichen Teil der Niederlausitz beheimatet, wo es meist zu Pfingsten ausgetragen wird.[11] In den sorbischen Gemeinden findet das Stollenreiten hingegen im Herbst statt.

Die Christmette in der Niederlausitz

Ein eigener Abschnitt sei zum Abschluss einer ganz besonderen Tradition gewidmet, die heute noch in Luckau gepflegt wird und bei der sich der Teilhabende am ehesten in die sächsische Zeit

zurückversetzt fühlt, nämlich der Christmette. Dieser Weihnachts-
gottesdienst wird am frühen Morgen des 25. Dezembers, lange vor
Sonnenaufgang, gefeiert. Die Christmette ist in der Bevölkerung von
je her wegen ihrem festlichen Charakter, ihrer typischen Gesänge
und der besinnlichen Stimmung, die sich in dem nur durch Kerzen
erleuchteten Kirchenraum verbreitet, sehr beliebt. Allerdings erhebt
das Konsistorium immer wieder Beschwerde über den in seinen
Augen dem hohen Feiertage unangemessenen Ablauf der Christmette. Denn das Kirchenvolk lässt es sich nicht nehmen, diesen
Gottesdienst nach eigenem Gutdünken mitzugestalten und sei es nur
durch das Mitbringen von „geschmückten Zweigen, Dornensträu-
chern, Sternen, Hirtenhäusern, erleuchteten Pyramiden, Weltkugeln,
Fackeln" und anderem, wie die Obrigkeit es nennt, „Kinderspiel".[12]

Die Klagen über Unordnung und Tumult während der Christmette reichen zurück bis ins Jahr 1727. Damals wird der Lübbener
Magistrat sogar aufgefordert, die „Schlangen mit Lichten und
pappierne Laternen",[13] zu verbieten. Wie es scheint hantieren vor
allem Knaben so aufgeregt damit, dass sie die Andacht stören. Der
zeitige Beginn der Christmette führt nicht nur zur tieferen Versen-
kung der Gläubigen in das Heilsgeschehen, also der Anbetung Jesu
durch die Hirten zu nächtlicher Stunde im Stall von Bethlehem. In
vielen Gemeinden verkehrt sich dieser Effekt ins Gegenteil. Die
Schilderung aus Lübben ist dabei besonders plastisch und soll daher
ausführlich wiedergegeben werden:

„Der größte Theil der christlichen Gemeinde macht es sich zur
Pflicht und zum Vergnügen, diese Nacht mit Wachen, hauptsächlich
aber, zum nächtlichen Zeitvertreibe, mit Saufen, Spielen, Schwelgen
und anderen daraus entstehenden Lastern, zuzubringen, und sich,
gleichsam dem großen Feste zu Ehren, alles zu erlauben, was seinem
Fleische und Lüsten wohlgefällt. Nach dieser schönen Vorbereitung
nimmt nun früh um 4 Uhr der Gottes-Dienst seinen Anfang, das
heißt: Es versammelt sich eine Menge Menschen, größten Theils
aus den Bier- und Brandwein-Häusern […] und nun erschallt, Statt
eines Lobgesanges, ein unvernünfftiges Gebrülle von den alten,
größten theils betrunkenen Menschen und ein ärgerliches Schreyen,
Heulen, Weinen und Lachen von den anwesenden Kindern. Statt

des Danks vor die Menschwerdung Jesu, steigt ein Stank von Bier-Wein-Brandwein und andern Ausdünstungen in die Höhe, der denen wenig anwesenden, die diese Nacht nicht durchgeschwälgt haben, Ohnmachten zu erregen vermögend ist."

Auch von Andacht könne keine Rede mehr sein, wenn die Worte der Predigt und Gebete im Plaudern, Lachen, Schäkern, Essen und Trinken der Gemeinde untergehen. Die Wurzel allen Übels sieht der Magistrat im „Quempas-Gesang", zu dem sich die Gemeinde in mehrere Chöre aufteilt. Dieser Wechselgesang zu dem lateinischen Lied „Quem pastores laudavere" – zu Deutsch: „Den die Hirten lobeten sehre" – beschließt traditionell den Gottesdienst und sei die „angenehme Lockspeise", die die meisten Menschen zum nächtlichen Aufbleiben und nachherigen Kirchgang verführe. Aller gesunde Menschenverstand müsse stillstehen, wenn man:

„Gott im Himmel sey es geklagt, hört und sieht, wie dieser alte lateinische hymnus, unter Anzündung tausend und mehrerer Lichter, von Alt und Jung, aus allen Leibes- und Seelen-Kräfften, nicht gesungen, sondern heraus gebrüllt und herausgeschrien und was vor Unsinniges, ia Gotteslästerliches Zeug, z.B. statt der Worte des Gesanges: huic sit memoria, diese memorias, Vetter Glorias, hat Schweine geschlacht, hat Würste gemacht … unter großen Gelächter von Alt- und Jung hin gebläckt worden."

Der Quempas sei erst vor kurzem wieder eingeführt worden. „Es war einmahl eine Zeit, wo dieses nächtliche Unwesen, vermuthlich der damahligen allgemeinen Landes-Noth halber, sehr weißlich eine Zeit lang eingestellet wurde. Allein, kaum schenckte Gott dem Lande den Frieden wieder, so wurde es hierinnen ganz wieder auf den alten Fuß gestellet".[14]

Nun droht dem Quempas seine endgültige Abschaffung. Mit ihm sollen auch die anderen lateinischen Lieder „Puer natus" und „Nunc angelorum" eingestellt werden, um künftig keine Gelegenheit zu vulgären Neudichtungen zu geben. Auch will die Kirchenleitung den Gottesdienst eine Stunde später beginnen lassen, damit sich die Gemeinde nüchtern und ausgeschlafen zur Christmette einfinde. Welche Auswirkungen die Einstellung des Quempas-Gesanges auf den Gottesdienstbesuch hat, wird in diesem Zusammenhang leider

Zwei Weihnachtspyramiden, auch Drehbaum genannt, sind hier zu sehen, die beide aus Luckau stammen. Sie haben ein Paradiesgärtlein und mehrere Etagen, die zum Bestücken mit Naschereien wie Gebäck, Nüssen, Backpflaumen und Äpfeln gedacht sind. Die ältere, geschmückt mit Buchsbaum, verfügt zwar über Kerzenhalter, nur ist unklar, ob sie auch mit Flügelkranz und Kerzen angetrieben wurde. Dem Volksglauben nach vertreibt Buchsbaum böse Geister. Im 19. Jahrhundert wird er mehr und mehr vom Nadelbaum verdrängt. NLM Luckau VH 6775/98

nicht berichtet. In Luckau führt es zu heftigen Protesten, zumal das Verbot wenige Tage vor der Weihnachtsfeier ergeht.

Unter Aufbietung all seines diplomatischen Geschicks bemüht sich daraufhin der Superintendent der Luckauer Nikolaikirche, Gotthelf Benjamin Köhler, das Konsistorium umzustimmen. Dies geschieht nicht ganz uneigennützig, denn seine Schäfchen gerieten über das Verbot so in Aufruhr, „das man [die Verkündung dieses Beschlusses, S.K.] sogar mit ausgestoßenen Drohungen wider mich, den sie als den Verursacher desselben ansehen, begleitet hat". Auch in Luckau gäbe es zwar das Problem, dass einzelne Personen alkoholisiert zur Christmette erscheinen, wie Köhler beschwichtigend eingesteht. Doch es handle sich hierbei um Bauern aus der Umgebung, die sich nicht mitten in der Nacht auf den Weg zum Gottesdienst aufmachen wollten und lieber schon zum Abend des 24. Dezembers anreisten und sich die Zeit im Wirtshaus vertrieben. Wie Köhler vorsichtig anmerkt sei daher die „Feyer der Christ Nacht unter uns wo auch nicht ganz, doch zum Theil dem Geiste des Christenthums nicht offenbahr zuwider".

Im Übrigen wird der erste Luckauer Pfarrer nicht müde zu betonen, dass der Quempas-Gesang an den Auswüchsen unschuldig sei. Denn dieser verliefe ohne Tumult mit einer „feyerlichen Stille". Die Luckauer Aufführungspraxis unterscheidet sich dabei in zwei wesentlichen Punkten von der bekannten Form. Weder ist die Gemeinde einbezogen, noch bleibt es bei dem unverständlichen lateinischen Text. Stattdessen stellen sich die Chorknaben aus der dritten und vierten Klasse der Stadtschule nach der Predigt unter Aufsicht des Kantors in vier Gruppen verteilt in der Kirche auf. Nun singt jede Gruppe eine Zeile des Quempas-Liedes, anschließend stimmen alle zusammen den Refrain an. Auf diese Weise werden drei Strophen des Quempas von den Schülern gesungen. Zum Abschluss erklingt die erste Strophe des Liedes in der deutschen Fassung. In Luckau achten Kantor und Pfarrer also darauf, dass die Gemeinde keine für sie unverständlichen Texte singen muss und wenn im Gottesdienst Latein erklingt, folgt darauf sogleich die deutsche Übersetzung.

Neben dem behutsamen Umgang mit Traditionen, die in Luckau nachvollziehbar und verständlich bleiben, spricht diese Episode auch

Luckauer Christmette 1960

für die Qualität der städtischen Musik ausgangs des 18. Jahrhunderts. Nach wie vor ist die Chormusik an der Schule verankert und die Darbietungen der Schüler werden geschätzt und aufmerksam verfolgt. Ob Köhlers Rettungsversuch Erfolg beschieden war, lässt sich aus den Unterlagen des Konsistoriums nicht ersehen. Die Mitteilungen eines Luckauer Heimatforschers aus dem frühen 20. Jahrhundert lassen aber den Schluss zu, dass wenn der Quempas-Gesang tatsächlich eingestellt worden sein sollte, dies nur für kurze Zeit gewesen sein kann. So hat sich ein Liederheft zum Quempas erhalten, das von einem Chorknaben selbst angefertigt wurde und das der Autor auf das frühe 19. Jahrhundert datiert.[15]

Zu Beginn des 20. Jahrhunderts singen die Schüler noch immer die Strophen vierchörig, werden aber beim Refrain von der Gemeinde unterstützt. Die lateinischen Verse sind ganz entfallen. Auch heutzutage ist der Quempas aus der Luckauer Christmette nicht wegzudenken. Mittlerweile hat die Gemeinde diesen Wechselgesang vierchörig übernommen. Selbst die einst von den Kirchenoberen als „Kinderspiel" gescholtenen Lichtschlangen werden noch heute von vielen Gottesdienstbesuchern im Takt des Quempas bewegt.[16]

Die Niederlausitz – eine Identität zwischen Brandenburg und Sachsen

Gerade dieses letzte Beispiel der Christmette konnte zeigen, wie bedeutsam aus sächsischer Zeit tradiertes Brauchtum für die niederlausitzische Identität bis heute ist. Daher stellt sich abschließend die Frage, ob die kulturelle Nähe zu Sachsen für die Bewohner der Niederlausitz auch eine Rolle bei der Bildung der Neuen Bundesländer spielt? Dabei wird deutlich, dass die Niederlausitz eine, zwar durch die Zugehörigkeit zu Sachsen geprägte, aber letztlich eigenständige Identität besitzt. Die Vorgeschichte der Ländergründung reicht bis ins Jahr 1947 zurück, als mit Auflösung des Landes Preußen die 1815 beim Wiener Kongress getroffene Gebietszuteilung zu Gunsten von Sachsen verändert wird: Das neu gegründete „Land Mark Brandenburg" muss die nördliche Oberlausitz abtreten. Die historische Grenze zwischen Nieder- und Oberlausitz ist nun auch die Grenze zwischen Brandenburg und Sachsen. 1952 löst die DDR ihre Länder auf und teilt ihr Gebiet in Bezirke. Dass fast die gesamte Niederlausitz im Bezirk Cottbus aufgeht, wie auch die nördliche, für kurze Zeit sächsische, Oberlausitz, prägt das Regionalbewusstsein nachhaltig. Nach 1989 müssen für den Beitritt zur Bundesrepublik föderale Strukturen geschaffen werden. Die nördliche Oberlausitz plädiert vergebens für die Zugehörigkeit zu Sachsen.[17] Auch die Gründung eines Bundeslandes Lausitz erweist sich als utopisch, da es das gesamte Braunkohlegebiet enthielte. Tatsächlich geht es in dieser Debatte mehr um wirtschaftliche Interessen – weniger um

Lichtschlange mit Autograph „Paul Voigt Luckau", um 1850, NLM Luckau VH 1092/62

eine sächsische Identität. 1990 entsteht das Land Brandenburg aus den DDR-Bezirken Potsdam, Frankfurt (Oder) und Cottbus.

Bis heute überrascht die Fülle an gelebtem Brauchtum in der Niederlausitz. Dabei ist es gerade das Bewusstsein, eine eigene Geschichte zu haben, die diese Traditionen wachhält. Für das Selbstverständnis der Bewohner der Niederlausitz ist Abgrenzung und geteilte Geschichte mit Brandenburg und Sachsen gleicherma-ßen prägend. Ihre Identität ist zwischen Brandenburg und Sachsen entsprungen.

Anmerkungen 4. Kapitel

1	NLM Luckau VS 4967/89.
2	Aus der Beschwerde wendischer und deutscher Spielleute gegen den Luckauer Kunstpfeifer (Organisten) BLHA, Rep. 8 Stadt Luckau Nr. 1205, fol. 30.
3	Speisen-Karten Zum Goldenen Ring, Luckau 9. April 1894 und 1894. Mit Vermerk: 9.4.1894 Kgl. Hoheit Prinz August von Sachsen u. 7 Herren anwesend. NLM Luckau VS 7168/99b u. c.
4	Werner Bastine, Klemmkuchen – ein fast vergessenes Niederlausitzer Gebäck, in: Luckauer Heimatkalender 1980/81, S. 72-78.
5	BLHA, Rep. 17B Oberamtsregierung der Niederlausitz Nr. 7242 u. 7245.
6	BLHA, Rep. 6B Kreisverwaltung Luckau Nr. 319.
7	Siehe hierzu den Abschnitt Das Lutherfest 1902 in Luckau in Kap. II.
8	Für diesen Hinweis ist Eric Piltz, Dresden zu danken.
9	BLHA, Rep. 6B Kreisverwaltung Luckau Nr. 205, fol. 75.
10	Das Zempern ist vor dem Zweiten Weltkrieg im Südosten von Berlin noch weit verbreitet. Vgl. hierzu und zu den historischen Kostümen die Abbildungen in: Ernst Otto Thiele, Die Heischeumzüge im märkischen Fasnachtsbrauchtum, in: Brandenburgische Jahrbücher 3 (1936), S. 197-206. Der Erbsbär, der ein aus Erbsenstroh gewirktes Kostüm trägt, ist auch in den westdeutschen Karnevalsgegenden ein historisches Wintersymbol.
11	„Wettspiele […] kommen auch in den Dörfern der Niederlausitz vor, so in den Dörfern um Vetschau, Calau, Luckau und Lübben das sogenannte Stollreiten, das heute auf einen Sonntag um Johanni fällt, früher aber immer am Johannistage [24.06., Anm. S.K.] abgehalten wurde." Karl Gander, Das Johannisfest unter besonderer Berücksichtigung der bezüglichen Bräuche in der Niederlausitz, Niederlausitzsche Mitteilungen VI (1891), S. 22-31, hier S. 28. Zur geografischen und zeitlichen Verteilung der Reiterspiele vgl. Wilhelm Hansen, Die Reiterspiele in der Mark Brandenburg, in: Brandenburgische Jahrbücher 3 (1936), S. 179-190.
12	BLHA, Rep. 40C Niederlausitzisches Konsistorium Nr. 152, fol. 3 und fol. 47.
13	Ebd., fol. 1.
14	Die nachfolgenden Quellenzitate stammen aus der Beschwerde des Lübbener Magistrats an das Konsistorium der Niederlausitz vom 20.11.1787. Ebd. fol. 19-25.
15	Wilhelm Krüger, Die Christnachtfeier in der Hauptkirche zu Luckau, in: Niederlausitzsche Mitteilungen X (1907/08), S. 374-382, hier S. 377.
16	Laut Krüger symbolisieren sie die verführerische Schlange, die durch die Ankunft des Christkindes vertrieben wurde. Dieser Brauch hat sich auch in Adelnau in der Provinz Posen erhalten. Ebd., S. 380.

17   Michael Richter, Entscheidung für Sachsen. Grenzkreise und –kom-
      munen bei der Bildung des Freistaates 1989 – 1994. Bürgerwille und
      repräsentative Demokratie, Dresden 2002.

Literaturverzeichnis

Bastine, Werner: Klemmkuchen – ein fast vergessenes Niederlausitzer Gebäck, in: Luckauer Heimatkalender 1980/81, S. 72-78.

Binger, Lothar/Hellemann, Susann: Brandenburger Bräute. Frauenschicksale und Hochzeitstraditionen in der Mark, Kleinmachnow 2012.

Czech, Vinzenz: Die Niederlausitz im 17. und 18. Jahrhundert. Herrschaftspraxis und dynastische Zeichensetzung der Merseburger Herzöge, in: Heinz-Dieter Heimann/Klaus Neitmann/Uwe Tresp (Hg.), Die Nieder- und Oberlausitz. Konturen einer Integrationslandschaft. Band 2: Frühe Neuzeit (= Studien zur brandenburgischen und vergleichenden Landesgeschichte, Band 12), Berlin 2014, S. 205 – 223.

Deiters, Maria: Epitaphs in Dialogue with Sacred Space. Post-Reformation Furnishings in the Parish Churches of St Nikolai and St Marien in Berlin, in: Andrew Spicer (ed.), Lutheran churches in early modern Europe, Farnham 2012, p. 63-96.

Deuschle, Matthias A.: Vergegenwärtigung der brandenburgischen Reformation im 19. Jahrhundert, in: Jahrbuch für Berlin-brandenburgische Kirchengeschichte, Band 69 (2013), S. 181-204.

Ederer, Walter: Das Kloster Neuzelle. Ein Streitfall in der Niederlausitz, in: Preußen Sachsen Brandenburg. Nachbarschaften im Wandel, hg. von der Brandenburgischen Gesellschaft für Kultur und Geschichte gGmbH und Kulturland Brandenburg, Potsdam, Leipzig 2014, S. 92-99.

Flügel, Wolfgang: Konfession und Jubiläum. Zur Institutionalisierung der lutherischen Gedenkkultur in Sachsen 1617 – 1830 (= Schriften zur sächsischen Geschichte und Volkskunde, Band 14), Leipzig 2005.

Förderverein des Stadt- und Regionalmuseum Lübben e.V. (Hg.): Im Grenzland zwischen Preußen und Sachsen. Lübben im Würgegriff Friedrichs des Großen, Cottbus 2012.

Gander, Karl: Das Johannisfest unter besonderer Berücksichtigung der bezüglichen Bräuche in der Niederlausitz, Niederlausitzsche Mitteilungen VI (1891), S. 22-31.

Gross, Reiner: Geschichte Sachsens, 4. Auflage, Leipzig 2012.

Hansen, Wilhelm: Die Reiterspiele in der Mark Brandenburg, in: Brandenburgische Jahrbücher 3 (1936), S. 179-190.

Heal, Bridget: The cult of the Virgin Mary in early Modern Germany. Protestant and catholic piety, 1500 – 1648, Cambridge 2007.

Hein, Markus: Lutherrezeption in den Predigten und Ansprachen bei den Reformationsfeierlichkeiten in Sachsen im 19. Jahrhundert, in: Stefan Laube / Karl-Heinz Fix (Hg.) Lutherinszenierung und Reformationserinnerung, Leipzig 2002, S. 145-161.

Jacobeit, Sigrid und Wolfgang: Illustrierte Alltags- und Sozialgeschichte Deutschlands 1900 – 1945, Münster 1995, S. 301

Kamp, Silke: Die verspätete Kolonie, Hugenotten in Potsdam 1685 – 1809, Berlin 2011.

Kamp, Silke (Hg.): „So oft der Morgen uns erscheinet". Das Album der Sophia Nürnbach, Potsdam 2011.

Kirchner, Paul Christian: Jüdisches Ceremoniell. Beschreibung jüdischer Feste und Gebräuche, Nürnberg 1734/ Reprint Leipzig 2001, S. 181.

Kohlschmidt, Siegfried: Der Drucker und Verleger Benedikt Gotthelf Teubner und der Arzt Friedrich August Puchelt. Zwei vergessene Persönlichkeiten aus dem Altkreis Luckau, in: Luckauer Heimatkalender 2006, S. 74-78.

Krüger, Wilhelm: Die Christnachtfeier in der Hauptkirche zu Luckau, in: Niederlausitzsche Mitteilungen X (1907/08), S. 374-382.

Lange, Albrecht: Die Tracht der Sorben um Muskau, in: Sorbische Volkstrachten 5. Band, Heft 4, Bautzen 1978, S. 23f.

Lehmann, Rudolf: Geschichte des Markgraftums Niederlausitz, Dresden 1937.

Ligniez, Annina: Das Wittenbergische Zion. Konstruktion von Heilsgeschichte in frühneuzeitlichen Jubelpredigten (= Schriften der Stiftung Luthergedenkstätten in Sachsen-Anhalt, Band 15), Leipzig 2012.

Luh, Jürgen: Kampf ums Direktorium. Preußen, Sachsen und die Führung des Corpus Evangelicorum, in: Frank Göse u.a. (Hg.), Preußen und Sachsen. Szenen einer Nachbarschaft, Dresden 2014, S. 170-175.

Müller, Winfried: Die sächsische Frage auf dem Wiener Kongress 1814/15: Die Teilung des Königreiches Sachsen, in: Uwe Niedersen (Hg.), Sachsen, Preußen und Napoleon. Europa in der Zeit von 1806 – 1815, Torgau 2013, S. 512-516.

Müller-Pfeifruck, Sylvia: Himmelskinder aus Brandenburg. Vom vorzeitigen Ende der Kindheit 1500 – 1900, Cottbus 2013.

Niedersen, Uwe (Hg.): Sachsen, Preußen und Napoleon. Europa in der Zeit von 1806 – 1815, Torgau 2013.

Paulke, Karl: Musikpflege in Luckau. Neue Beiträge zur Musikgeschichte der Niederlausitz, in: Niederlausitzische Mitteilungen, XIV (1918), S. 73-150.

Range, Matthias: The Material Presence of Music in Church. The Hanseatic City of Lübeck, in: Andrew Spicer (ed.), Lutheran churches in early modern Europe, Farnham 2012, p. 197-220.

Richter, Michael: Entscheidung für Sachsen. Grenzkreise und –kommunen bei der Bildung des Freistaates 1989 – 1994. Bürgerwille und repräsentative Demokratie, Dresden 2002.

Sachs, Curt: Musikgeschichte der Stadt Berlin bis zum Jahre 1800. Stadtpfeifer, Kantoren und Organisten an den Kirchen städtischen Patronats nebst Beiträgen zur allgemeinen Musikgeschichte Berlins, Berlin 1908, Reprint Hildesheim/New York 1980.

Schnabel, Werner Wilhelm: Das Stammbuch. Konstitution und Geschichte einer textsortenbezogenen Sammelform bis ins erste Drittel des 18. Jahrhunderts, Tübingen 2003.

Tanner, Klaus (Hg.): Konstruktion von Geschichte. Jubelrede – Predigt – protestantische Historiographie (= Leucorea-Studien zur Geschichte der Reformation und der Lutherischen Orthodoxie, Band 18), Leipzig 2012.

Thiele, Ernst Otto: Die Heischeumzüge im märkischen Fasnachtsbrauchtum, in: Brandenburgische Jahrbücher 3 (1936), S. 197-206.

Tuček ,Helga: Zum 225. Geburtstag von Christoph Ernst Frh. von Houwald, in: Luckauer Heimatkalender 2003.

V. Houwald, Götz Frh.: Von Zieckau nach Berlin im Jahre 1815: Reisenotizen von Christian Wilhelm von Thermo, in: Luckauer Heimatkalender 2002, S. 87-91.

Vetter, Julius: Beiträge zur Geschichte der Kirchenverbesserung in der Niederlausitz. III. Abtheilung, Reformationsgeschichte bis zum Jahr 1545, Luckau 1839.

http://www.uni-leipzig.de/unigeschichte/professorenkatalog/leipzig/
Puchelt_1358 [19.12.2014]

http://kik.uniklinikum-leipzig.de/kikcms.site,postext,klinik,a_id,318.html,
http://kik.uniklinikum-leipzig.de/kikcms.site,postext,klinik,a_id,306.html
[19.12.2014]

http://www.luther2017.de/20371/erinnerung-daran-trinken-wir-reformationsju-
bilaeen-durch-die-jahrhunderte?contid=24615 [20.01.15]

http://www.deutsche-biographie.de/ppn116745738.html?anchor=adb [10.01.2015]

http://de.wikipedia.org/wiki/Das_Weltgericht_%28Friedrich_Schneider%29
[16.12.2015]

Bildnachweis

Lorenz Kienzle und Ronka Oberhammer 16/17, 19, 21, 23, 28, 31, 32, 34, 35, 36, 37, 38, 47, 50, 53, 63, 68/69, 70, 72, 73, 74, 76, 85,87. 92/93, 97

Niederlausitz-Museum Luckau 25, 55, 82, 86, 88

Dr. Dieter Hübener 20, Einband (Landkarte)

Brandenburgisches Landeshauptarchiv Potsdam 14

Manfred Schuster 89

Hans-Jörg Dähne (Repro) 95

Foto-Steinhagen: Gebäckmodel

Helga Tuček: Titelbilder (Tasse, Häuser)